# Oskar **Basisheft Teil B**

**1**

Herausgegeben von     Prof. Dr. Cordula Löffler

Erarbeitet von     Beate Eckert-Kalthoff

Alexandra Feld

Anna Wieland

Ernst Klett Verlag
Stuttgart · Leipzig

# Lernplan

## Schätze dich ein! ☺ ☺ ☺

### Lerndokumentation für die Lehrerin/den Lehrer

| Seiten | Aufgaben | | | | | | | Forderblock |
|---|---|---|---|---|---|---|---|---|
| 88/89 | 1. | 2. | 3. | 4. | 5. | 6. | 7. | ▶ S. 31/32 |
| | | | | | | | | |
| 90/91 | 1. | 2. | 3. | 4. | 5. | 6. | | |
| 92/93 | 1. | 2. | 3. | 4. | 5. | 6. | 7. | ▶ S. 33/34 |
| | | | | | | | | |
| 94/95 | 1. | 2. | 3. | 4. | 5. | 6. | | |
| 96/97 | 1. | 2. | 3. | 4. | 5. | 6. | 7. | ▶ S. 35/36 |
| | | | | | | | | |
| 98/99 | 1. | 2. | 3. | 4. | 5. | 6. | 7. | ▶ S. 37/38 |
| | | | | | | | | |
| 100/101 | 1. | 2. | 3. | 4. | 5. | 6. | 7. | ▶ S. 39/40 |
| | | | | | | | | |
| 102/103 | 1. | 2. | 3. | 4. | 5. | 6. | 7. | ▶ S. 41/42 |
| | | | | | | | | |
| Datum | | | | | | | | |
| Datum | | | | | | | | |

| Seiten | Aufgaben | | | | | | | Forderblock |
|---|---|---|---|---|---|---|---|---|
| 106/107 | 1. | 2. | 3. | 4. | 5. | 6. | 7. | ▶ S. 43/44 |
| | | | | | | | | |
| 108/109 | 1. | 2. | 3. | 4. | 5. | 6. | | |
| 110/111 | 1. | 2. | 3. | 4. | 5. | 6. | 7. | ▶ S. 45/46 |
| | | | | | | | | |
| 112/113 | 1. | 2. | 3. | 4. | 5. | 6. | 7. | ▶ S. 47/48 |
| | | | | | | | | |
| 114/115 | 1. | 2. | 3. | 4. | 5. | 6. | 7. | ▶ S. 49/50 |
| | | | | | | | | |
| 116/117 | 1. | 2. | 3. | 4. | 5. | 6. | 7. | ▶ S. 51/52 |
| | | | | | | | | |
| 118/119 | 1. | 2. | 3. | 4. | 5. | 6. | | |
| 120/121 | 1. | 2. | 3. | 4. | 5. | 6. | 7. | ▶ S. 53/54 |
| | | | | | | | | |
| Datum | | | | | | | | |
| Datum | | | | | | | | |

Zum Umgang mit der Lerndokumentation:
In der linken Spalte können die SchülerInnen für jeden bearbeiteten Laut/Buchstaben ein für sie passendes Smiley-Gesicht in das Kästchen malen. In der rechten Spalte kreuzen Sie als LehrerIn die vom Kind bearbeiteten Aufgaben an.

| Seiten | Aufgaben | | | | | | Forderblock |
|---|---|---|---|---|---|---|---|
| 124/125 | 1. | 2. | 3. | 4. | 5. | 6. | |
| 126/127 | 1. | 2. | 3. | 4. | 5. | 6. | 7. ▶ S. 55/56 |
| 128/129 | 1. | 2. | 3. | 4. | 5. | 6. | |
| 130/131 | 1. | 2. | 3. | 4. | 5. | 6. | 7. ▶ S. 57/58 |
| 132/133 | 1. | 2. | 3. | 4. | 5. | 6. | 7. ▶ S. 59/60 |
| 134 | 1. | 2. | 3. | 4. | | | ▶ S. 61/62 |
| 135 | 1. | 2. | 3. | 4. | | | ▶ S. 63/64 |
| 136/137 | 1. | 2. | 3. | 4. | 5. | 6. | 7. ▶ S. 65/66 |
| Datum | | | | | | | |
| Datum | | | | | | | |

| Seiten | Aufgaben | | | | | | Forderblock |
|---|---|---|---|---|---|---|---|
| 140/141 | 1. | 2. | 3. | 4. | 5. | 6. | |
| 142/143 | 1. | 2. | 3. | 4. | 5. | 6. | 7. ▶ S. 67/68 |
| 144/145 | 1. | 2. | 3. | 4. | 5. | 6. | 7. ▶ S. 69/70 |
| 146 | 1. | 2. | 3. | 4. | | | ▶ S. 71/72 |
| 147 | 1. | 2. | 3. | 4. | | | ▶ S. 71/72 |
| 148/149 | 1. | 2. | 3. | 4. | 5. | 6. | 7. ▶ S. 73/74 |
| Datum | | | | | | | |
| Datum | | | | | | | |

Farbig unterlegt sind die Aufgaben aus den Anforderungsbereichen 2 ▨ und 3 ▨. ▶ S. 31/32 steht für den Forderblock – hier kann angekreuzt werden, ob die Schülerin/der Schüler zusätzlich im Forderblock gearbeitet hat. Zu den Lese- und Lernstandsseiten können jeweils ein Datum und eine Bemerkung eingetragen werden. So kann die Lerndokumentation Sie bei einem Elterngespräch unterstützen.

# Lernplan

| Seiten | Aufgaben | | | | | | Forderblock |
|--------|----|----|----|----|---|---|-------------|
| 152 | 1. | 2. | 3. | | | | S. 75/76 |
| | | | | | | | |
| 153 | 1. | 2. | 3. | 4. | | | |
| | | | | | | | |
| 154 | 1. | 2. | 3. | 4. | | | S. 77/78 |
| | | | | | | | |
| 155 | 1. | 2. | 3. | 4. | | | S. 77/78 |
| | | | | | | | |
| 156 | 1. | 2. | 3. | 4. | | | S. 79/80 |
| | | | | | | | |
| 157 | 1. | 2. | 3. | 4. | | | S. 79/80 |
| | | | | | | | |
| Datum | | | | | | | |
| Datum | | | | | | | |

Diese Könige kennst du schon.

**1.**  Markiere die Könige!

 | Mama
 | Ufo

 | Sonne
 | Limo

 | Tomate
 | Melone

**2.**  Welche Könige fehlen? Lies und schreibe!

 | B ll
 | L n

 | B ch
 | L m

| S f
| T l f n

Schülerbuch S. 44–47

Basisheft S. 85 → S. 86–87

1. Die Könige (Selbstlaute) A/a, E/e, I/i, O/o, U/u wiederholen, optisch diskriminieren und markieren 2. Wörter lesen und bekannte Könige ergänzen

85

Auch diese Laute sind Könige.

**1.**  Markiere die Könige!

 Bär  Flöte

 Küken  Käse

**2.** 👂 ✏ Was klingt am Anfang gleich? Verbinde!

**1.** die Könige (Selbstlaute) Ä/ä, Ö/ö, Ü/ü, Au/au, Ei/ei, Eu/eu, -ie, äu kennenlernen, optisch diskriminieren und markieren  **2.** Wörter mit denselben Anlauten verbinden

**3.** 🖊 👑 Male die Felder mit den Königen **ä, ö** und **ü** an!

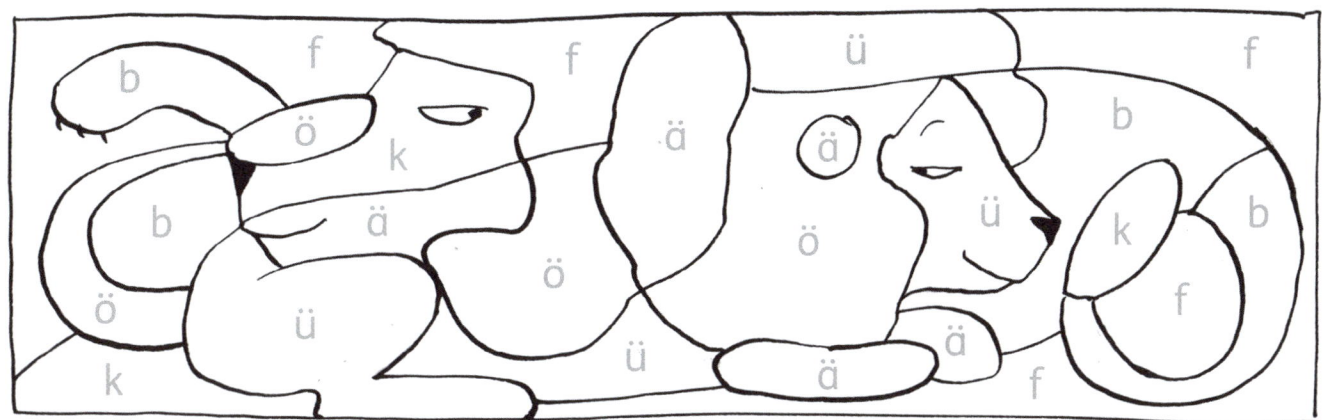

**4.** 🖊 👑 Male die Felder mit den Königen **au, ei** und **eu** an!

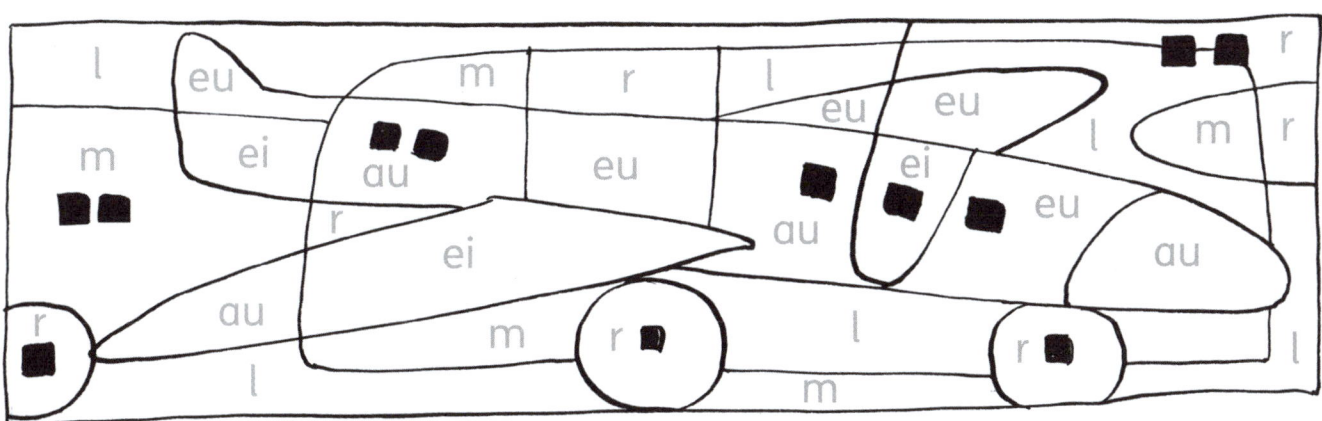

**5.** 🖊 👑 Male die Felder mit den Königen **ie** und **äu** an!

**3.** die Könige ä, ö und ü optisch diskriminieren **4.** die Könige au, ei und eu optisch diskriminieren **5.** die Könige ie und äu optisch diskriminieren

**87**

# G g

**1.** Wo hörst du **G/g**? Kreise ein! Spure **G** und **g** nach!

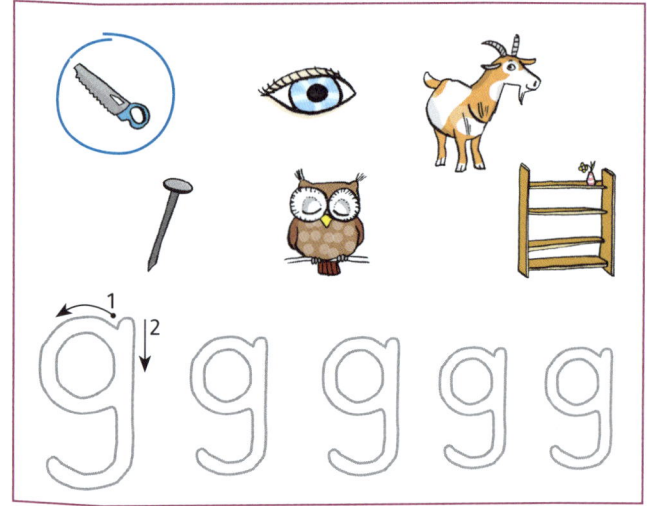

**2.** Schreibe und zeichne Silbenbögen!

**3.** Markiere bei Aufgabe **2.** die Könige!

**1.** G/g nachspuren; G/g abhören und Abhörbilder einkreisen **2.** G/g (und andere eingeführte Buchstaben) in Lineatur schreiben, Silbenbögen zeichnen **3.** Könige markieren

**4.** 👓 ✏️ ✏️ Lies, verbinde und schreibe!

| Na | gal |
| Re | ger |
| Ti | gel |

**5.** ✏️ 🖊️ Schwinge und schreibe!

**6.** ✏️ 👑 Markiere bei Aufgabe **5.** die Könige!

**7.** 👓 ✏️ Lies mit Silbenbögen!

 Gitarre      Regenbogen

Forderblock
S. 31/32

4. Wörter mit g aus Silben zusammensetzen und schreiben  5. Wörter mit der Schreibtabelle verschriften
6. Könige markieren  7. lange Wörter aus bekannten Buchstaben mit Silbenbögen erlesen

# Au au

**1.** 🖊️🖊️ Spure **Au** und **au** nach!

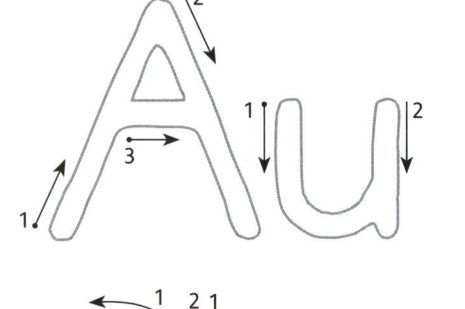  

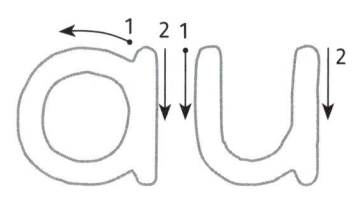  

**2.** 🖊️ Schreibe und zeichne Silbenbögen!

Au

au

Au au

Auge

auch

**3.** ✏️👑 Markiere bei Aufgabe **2.** die Könige!

**1.** Au/au nachspuren  **2.** Au/au (und andere eingeführte Buchstaben) in Lineatur schreiben, Silbenbögen zeichnen  **3.** Könige markieren

**4.**  In welchem Wort hörst du **au**? Male an!

**5.**  Wo klingt **Au/au**? Schreibe!　　Au　　　au

  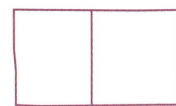  

**6.**  Reime und verbinde!

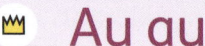 
**1.**  Lies, verbinde und schreibe!

 | Tau • | • er

 | Mau • | • ge

👁 | Au • | • be

**2.** Schwinge und schreibe!

**3.** Markiere bei Aufgabe **2.** die Könige!

**4.**  Lies mit Silbenbögen!

 **Bauchnabel**      **Taubennest**

**1.** Wörter mit Au/au aus Silben zusammensetzen und schreiben   **2.** Wörter mit der Schreibtabelle verschriften   **3.** Könige markieren   **4.** lange Wörter aus bekannten Buchstaben mit Silbenbögen erlesen

**5.**  Markiere die Könige!

 Maus   Rauch

 Maulwurf   Raupe

 Gartenzaun   Zauberer

 Taubenhaus   Pflaumenbaum

**6.**  Welche Könige fehlen? Lies und schreibe!

 B m    Fr

 T ch r    M r r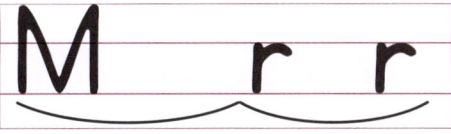

 g    N k l s

**7.**  Welche Könige fehlen? Lies und schreibe!

sk r t cht b.

**Forderblock S. 33/34**

# Ei ei

**1.** Spure **Ei** und **ei** nach!

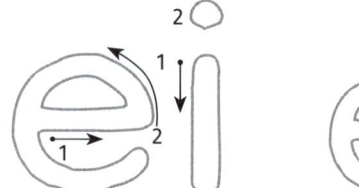  Ei Ei Ei Ei

 ei ei ei ei ei

**2.** Schreibe und zeichne Silbenbögen!

Ei

ei

Ei ei

Eis

eine

**3.** Markiere bei Aufgabe **2.** die Könige!

**1.** Ei/ei nachspuren  **2.** Ei/ei (und andere eingeführte Buchstaben) in Lineatur schreiben, Silbenbögen zeichnen  **3.** Könige markieren

**4.**  In welchem Wort hörst du **ei**? Male an!

**5.** Wo klingt **Ei/ei**? Schreibe!

**6.** Reime und verbinde!

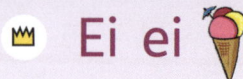 **Ei ei**

**1.**  Lies, verbinde und schreibe!

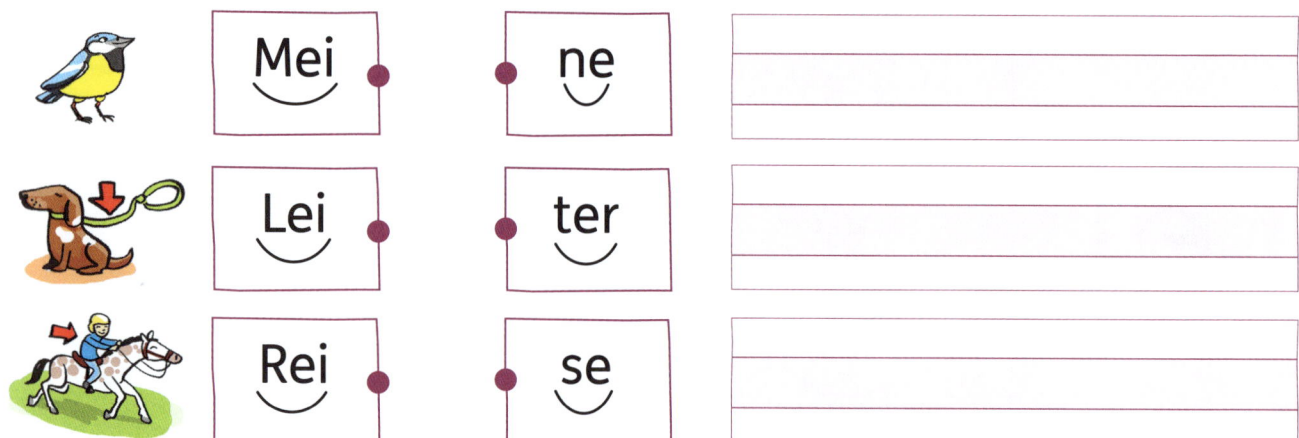

| Mei | ne |
| Lei | ter |
| Rei | se |

**2.** Schwinge und schreibe!

**3.** 👑 Markiere bei Aufgabe **2.** die Könige!

**4.** Lies mit Silbenbögen!

 **Einkaufskorb**      **Eisberge**

**1.** Wörter mit ei aus Silben zusammensetzen und schreiben **2.** Wörter mit der Schreibtabelle verschriften **3.** Könige markieren **4.** lange Wörter aus bekannten Buchstaben mit Silbenbögen erlesen

**5.**  Markiere die Könige!

| | |
|---|---|
| Kreis | Schwein |
| Bleistift | Kreide |
| Freibad | Schneider |
| Hufeisen | Papagei |

**6.** Welche Könige fehlen? Lies und schreibe!

B_n     R_s

L_t_r     S_f

R_f_n     _m_s

**7.** Welche Könige fehlen? Lies und schreibe!

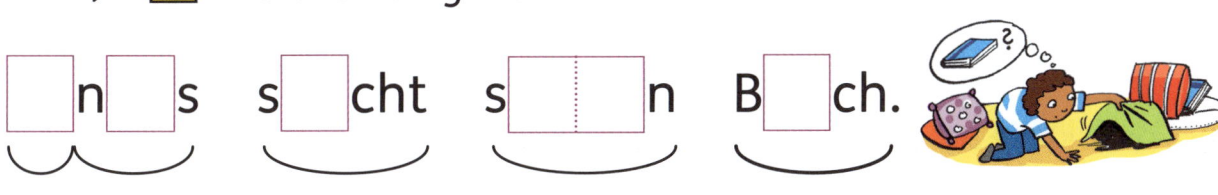

_n_s s_cht s_n B_ch.

Forderblock
S. 35/36

# D d

**1.** 👂 ✏️ 🖊 Wo hörst du **D/d**? Kreise ein! Spure **D** und **d** nach!

**2.** ✏️ 〰️ Schreibe und zeichne Silbenbögen!

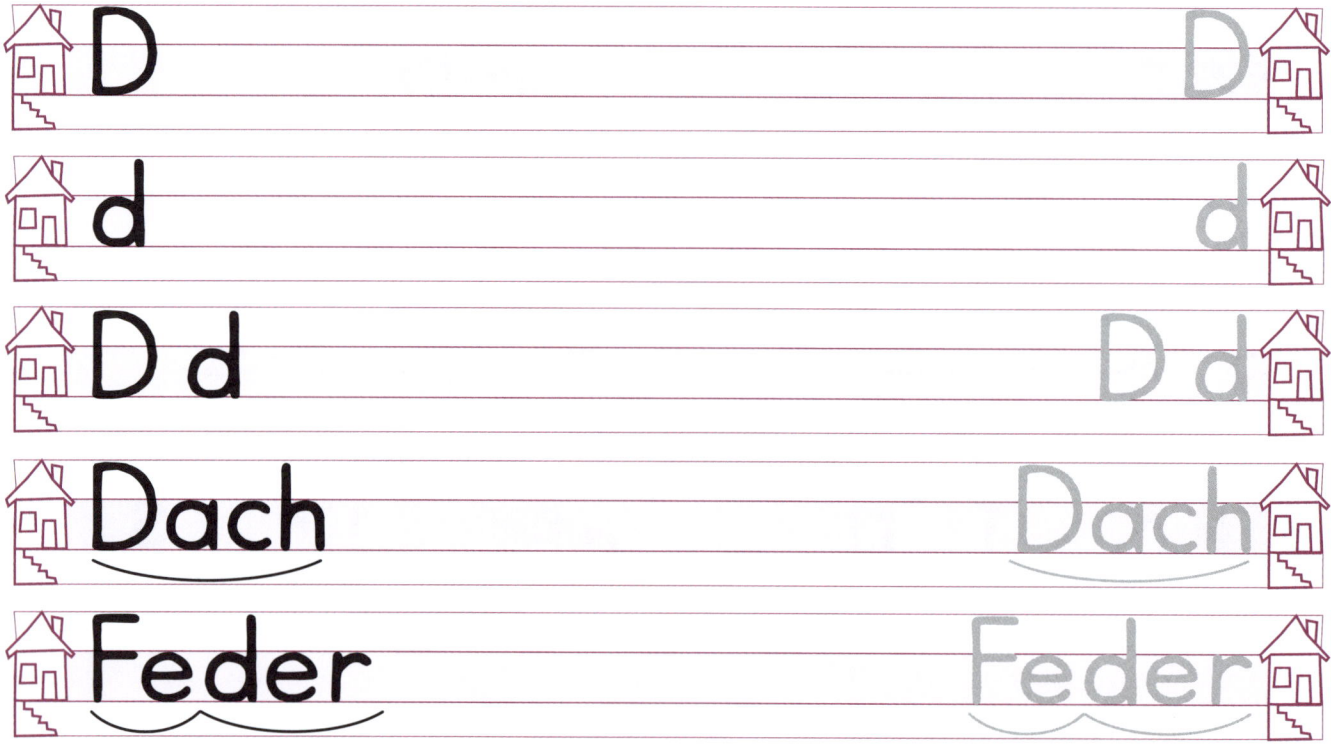

**3.** 🖍 👑 Markiere bei Aufgabe **2.** die Könige!

**1.** D/d nachspuren; D/d abhören und Abhörbilder einkreisen  **2.** D/d (und andere eingeführte Buchstaben) in Lineatur schreiben, Silbenbögen zeichnen  **3.** Könige markieren

**4.** 👓 ✏️ ✏️ Lies, verbinde und schreibe!

|  Do •  • no | |
| 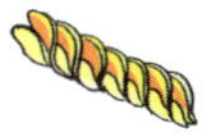 Nu •  • se | |
|  Di •  • del | |

**5.** ✏️ 🖼️✏️ Schwinge und schreibe!

**6.** 🖊️ 👑 Markiere bei Aufgabe **5.** die Könige!

**7.** 👓 ✏️ Lies mit Silbenbögen!

 **Diamant**     **Federball**

Forderblock S. 37/38

4. Wörter mit D/d aus Silben zusammensetzen und schreiben  5. Wörter mit der Schreibtabelle verschriften
6. Könige markieren  7. lange Wörter aus bekannten Buchstaben mit Silbenbögen erlesen

# P p

**1.** 👂 ✏️ ✏️ Wo hörst du **P/p**? Kreise ein! Spure **P** und **p** nach!

**2.** ✏️ ✏️ Schreibe und zeichne Silbenbögen!

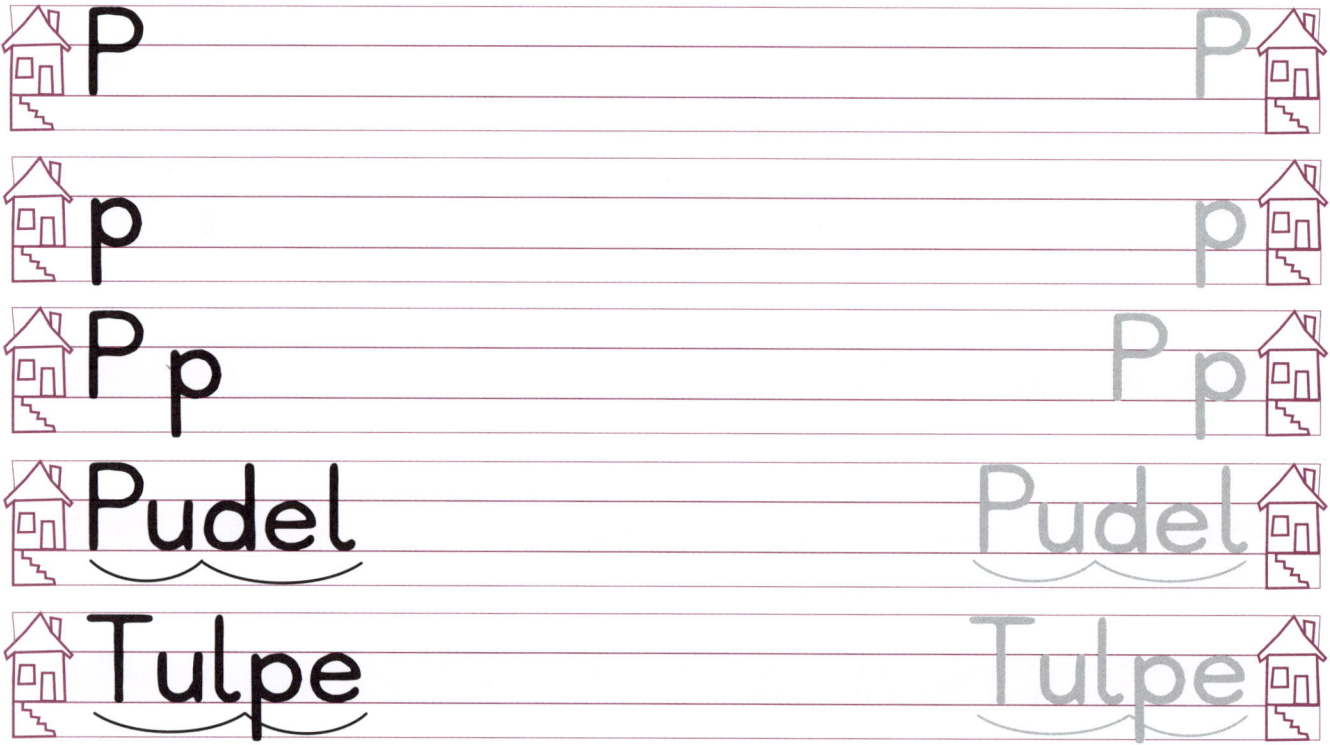

P

p

P p

Pudel

Tulpe

**3.** ✏️ 👑 Markiere bei Aufgabe **2.** die Könige!

**1.** P/p nachspuren; P/p abhören und Abhörbilder einkreisen   **2.** P/p (und andere eingeführte Buchstaben) in Lineatur schreiben, Silbenbögen zeichnen
**3.** Könige markieren

**4.** 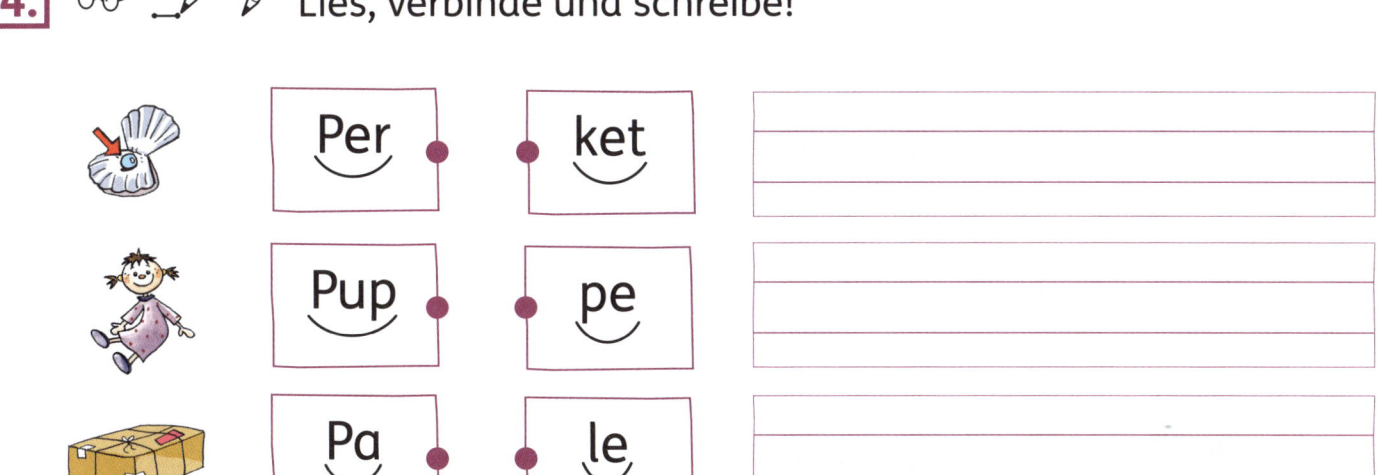 Lies, verbinde und schreibe!

| Per | • • | ket |
|-----|-----|-----|

| Pup | • • | pe |
|-----|-----|-----|

| Pa | • • | le |
|----|-----|-----|

**5.**  Schwinge und schreibe!

**6.**  👑 Markiere bei Aufgabe **5.** die Könige!

**7.**  Lies mit Silbenbögen!

 Postkarte

 Kokospalme

Forderblock
**S. 39/40**

**4.** Wörter mit P/p aus Silben zusammensetzen und schreiben   **5.** Wörter mit der Schreibtabelle verschriften
**6.** Könige markieren   **7.** lange Wörter aus bekannten Buchstaben mit Silbenbögen erlesen

101

# Sch sch

**1.** 👂 ✏️ ✏️ Wo hörst du **Sch/sch**? Kreise ein! Spure **Sch** und **sch** nach!

**2.** ✏️ ✏️ Schreibe und zeichne Silbenbögen!

Sch      Sch

sch      sch

Sch sch      Sch sch

Schiff      Schiff

Tisch      Tisch

**3.** ✏️ 👑 Markiere bei Aufgabe **2.** die Könige!

**1.** Sch/sch nachspuren; Sch/sch abhören und Abhörbilder einkreisen   **2.** Sch/sch (und andere eingeführte Buchstaben) in Lineatur schreiben, Silbenbögen zeichnen   **3.** Könige markieren

**4.** ∞ ✏ ✏ Lies, verbinde und schreibe!

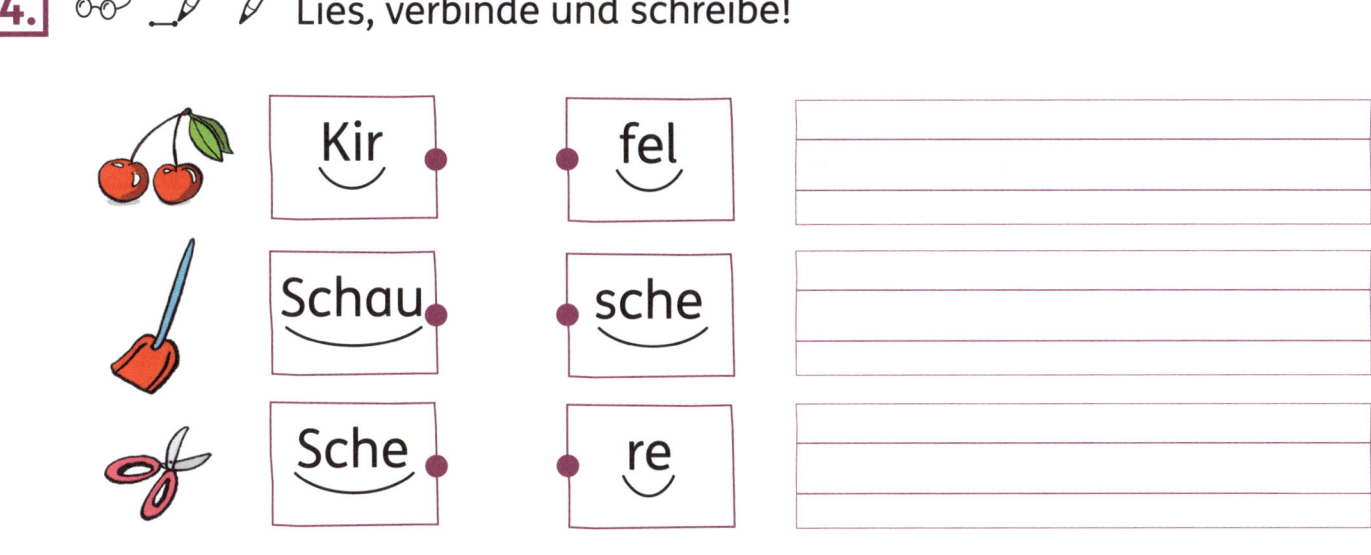

| | |
|---|---|
| Kir · | · fel |
| Schau · | · sche |
| Sche · | · re |

**5.** ✏ 🖊 Schwinge und schreibe!

**6.** ✏ 👑 Markiere bei Aufgabe **5.** die Könige!

**7.** ∞ ✏ Lies mit Silbenbögen!

 Schokolade         Taschenlampe

Forderblock
S. 41/42

**4.** Wörter mit Sch/sch aus Silben zusammensetzen und schreiben  **5.** Wörter mit der Schreibtabelle verschriften
**6.** Könige markieren  **7.** lange Wörter aus bekannten Buchstaben mit Silbenbögen erlesen

**1.** 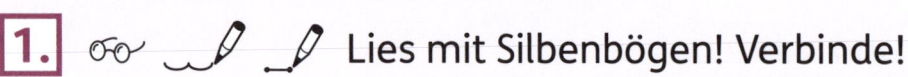 Lies mit Silbenbögen! Verbinde!

| Raupe | Schaf | Ameise | Papagei | Pudel |
|---|---|---|---|---|

**2.** Lies und verbinde!

Ole malt Autos.

Ina schaukelt im Garten.

Oskar kauft ein Eis.

Papa kocht Nudeln.

**1.** Wörter aus bekannten Buchstaben mit Silbenbögen erlesen und mit dem passenden Bild verbinden **2.** Sätze aus bekannten Buchstaben erlesen und mit dem passenden Bild verbinden

**1.** 🖊 Schreibe!

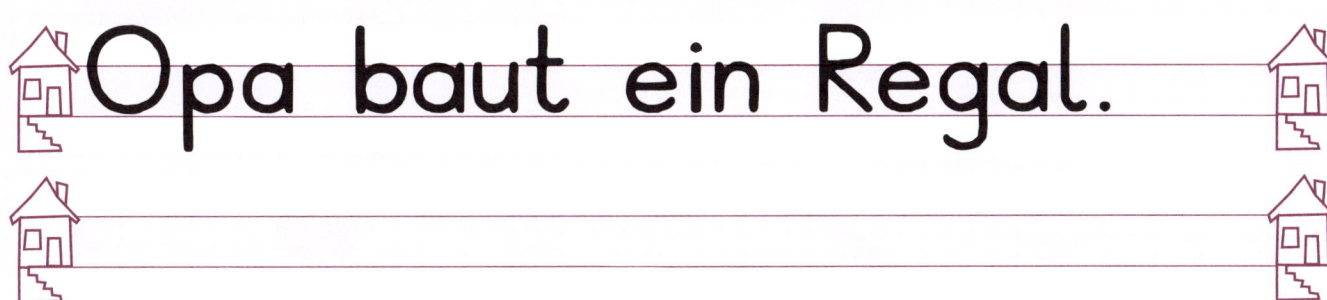

Opa baut ein Regal.

**2.** 👓 🖊 👑 Welche Könige fehlen? Lies und schreibe!

S __ f

Sch __ k __ l

P __ nd

D __ sch

**3.** ✏ 🖊 Schwinge und schreibe!

**4.** 🖊 👑 Markiere bei Aufgabe **3.** die Könige!

Das war:

# Z z

**1.** 👂 ✏️ ✏️ Wo hörst du **Z/z**? Kreise ein! Spure **Z** und **z** nach!

**2.** ✏️ ∿✏️ Schreibe und zeichne Silbenbögen!

Z

z

Z z

Zaun

zu

**3.** ✏️ 👑 Markiere bei Aufgabe **2.** die Könige!

**4.**  Lies, verbinde und schreibe!

Ze • • bra

Zei • • kus

Zir • • ger

**5.** Schwinge und schreibe!

**6.** Markiere bei Aufgabe 5. die Könige!

**7.**  Lies mit Silbenbögen!

Zirkuszelt  Polizist

Forderblock
S. 43/44

4. Wörter mit Z aus Silben zusammensetzen und schreiben 5. Wörter mit der Schreibtabelle verschriften
6. Könige markieren 7. lange Wörter aus bekannten Buchstaben mit Silbenbögen erlesen

# Eu eu

Eu eu

**1.**  Spure **Eu** und **eu** nach!

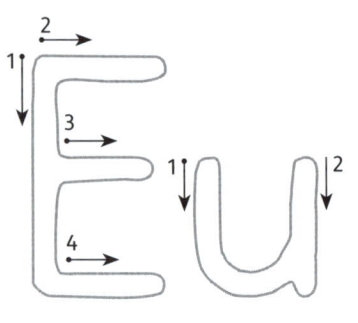 Eu Eu Eu Eu

 eu eu eu eu

**2.** 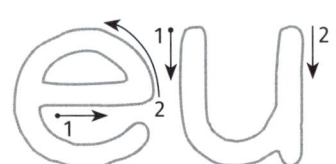 Schreibe und zeichne Silbenbögen!

Eu ⸻ Eu

eu ⸻ eu

Eu eu ⸻ Eu eu

Euro ⸻ Euro

neu ⸻ neu

**3.**  👑 Markiere bei Aufgabe **2.** die Könige!

**1.** Eu/eu nachspuren **2.** Eu/eu (und andere eingeführte Buchstaben) in Lineatur schreiben, Silbenbögen zeichnen **3.** Könige markieren

**4.**   In welchem Wort hörst du **eu**? Male an!

**5.** 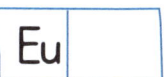 Wo klingt **Eu/eu**? Schreibe!

| Eu | | | eu |
|----|--|--|----|

     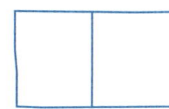

**6.**   Nur drei Wörter reimen sich. Kreuze an!

   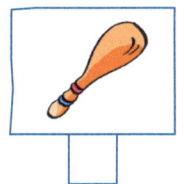 

**4.** eu abhören und Abhörbilder anmalen   **5.** Eu/eu abhören und schreiben   **6.** Reime abhören und ankreuzen

**1.**  Lies, verbinde und schreibe!

 | Eu • | • ne |
 | Scheu • | • er |
 | Feu • | • le |

**2.** Schwinge und schreibe!

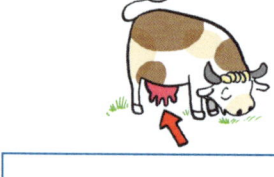

**3.**  Markiere bei Aufgabe **2.** die Könige!

**4.**  Lies mit Silbenbögen!

 Turnbeutel

 Feuerzeug

**1.** Wörter mit Eu/eu aus Silben zusammensetzen und schreiben **2.** Wörter mit der Schreibtabelle verschriften **3.** Könige markieren **4.** lange Wörter aus bekannten Buchstaben mit Silbenbögen erlesen

**5.** ✏️ 👑 Markiere die Könige!

| | |
|---|---|
| Heu | Werkzeug |
| Kreuzung | Europa |
| Feuerwerk | Eulennest |
| Ungeheuer | Vogelscheuche |

**6.** 👓 ✏️ 👑 Welche Könige fehlen? Lies und schreibe!

**g** n___n___

Schl___gz___g

Z___gn___s

B___t___l

L___cht___r

Fl___gz___g

**7.** 👓 ✏️ 👑 Welche Könige fehlen? Lies und schreibe!

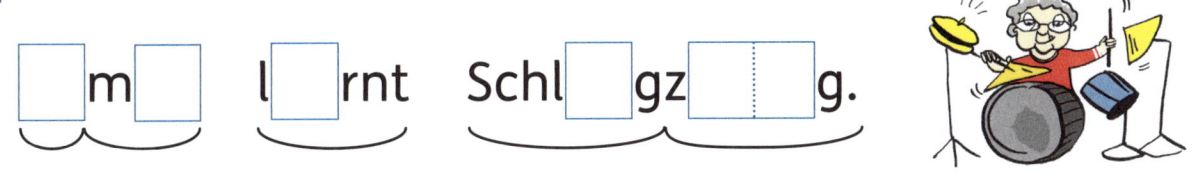

___m___ l___rnt Schl___gz___g.

Forderblock S. 45/46

# St st ⭐

**1.** 👂 ✎ ✏ Wo hörst du **St/st**? Kreise ein! Spure **St** und **st** nach!

**2.** ✎ ⌒✎ Schreibe und zeichne Silbenbögen!

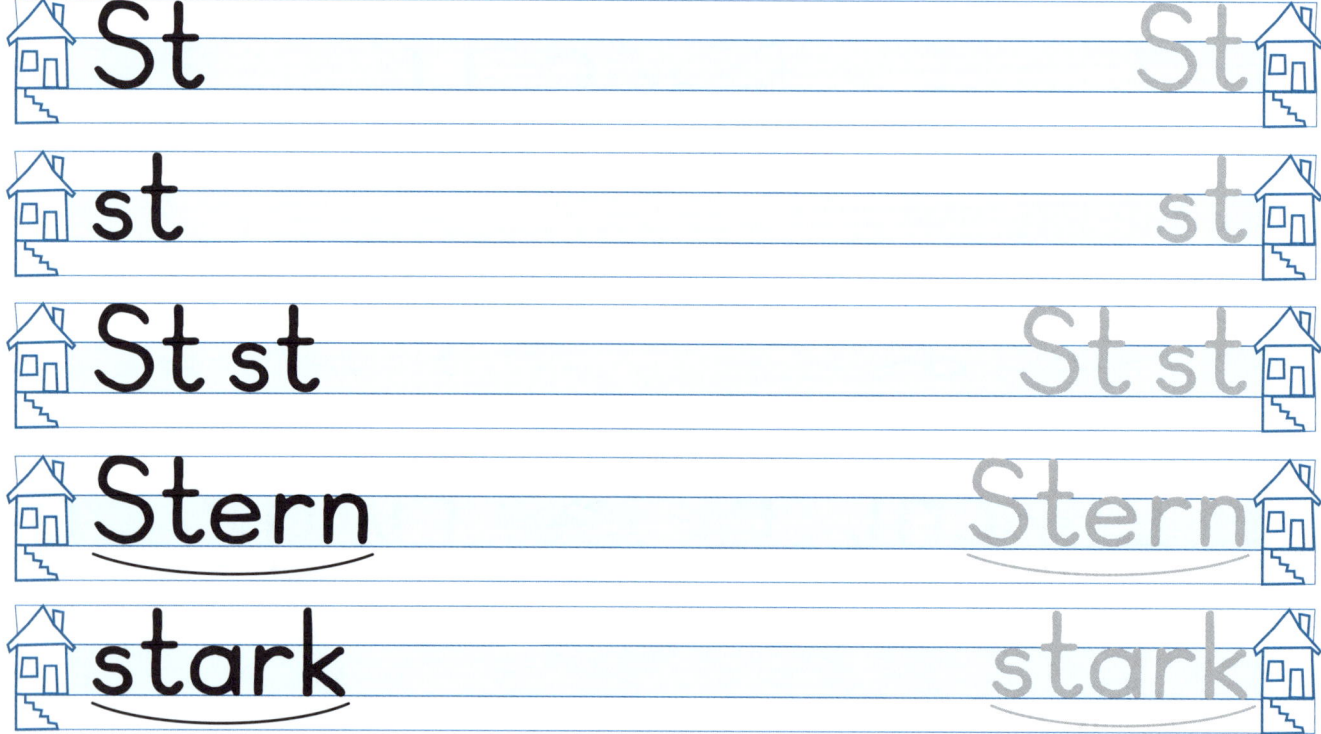

**3.** ✎ 👑 Markiere bei Aufgabe **2.** die Könige!

**1.** St/st nachspuren; St/st abhören und Abhörbilder einkreisen **2.** St/st (und andere eingeführte Buchstaben) in Lineatur schreiben, Silbenbögen zeichnen **3.** Könige markieren

**4.** ∞ ✏ ✏ Lies, verbinde und schreibe!

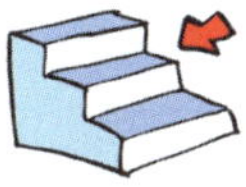

Stu • • zen

Stel • • fe

Bau • • stein

**5.** ✏ ▨ Schwinge und schreibe!

**6.** ✏ 👑 Markiere bei Aufgabe **5.** die Könige!

**7.** ∞ ✏ Lies mit Silbenbögen!

 Staubsauger     Zauberstab

Forderblock
S. 47/48

**4.** Wörter mit St/st aus Silben zusammensetzen und schreiben   **5.** Wörter mit der Schreibtabelle verschriften
**6.** Könige markieren   **7.** lange Wörter aus bekannten Buchstaben mit Silbenbögen erlesen

113

# Sp sp

**1.** 👂 ✏️ ✏️ Wo hörst du **Sp/sp**? Kreise ein! Spure **Sp** und **sp** nach!

**2.** ✏️ ✏️ Schreibe und zeichne Silbenbögen!

Sp

sp

Sp sp

Specht

sparen

**3.** ✏️ 👑 Markiere bei Aufgabe **2.** die Könige!

**1.** Sp/sp nachspuren; Sp/sp abhören und Abhörbilder einkreisen **2.** Sp/sp (und andere eingeführte Buchstaben) in Lineatur schreiben, Silbenbögen zeichnen **3.** Könige markieren

**4.** 👓 ✏️ ✏️ Lies, verbinde und schreibe!

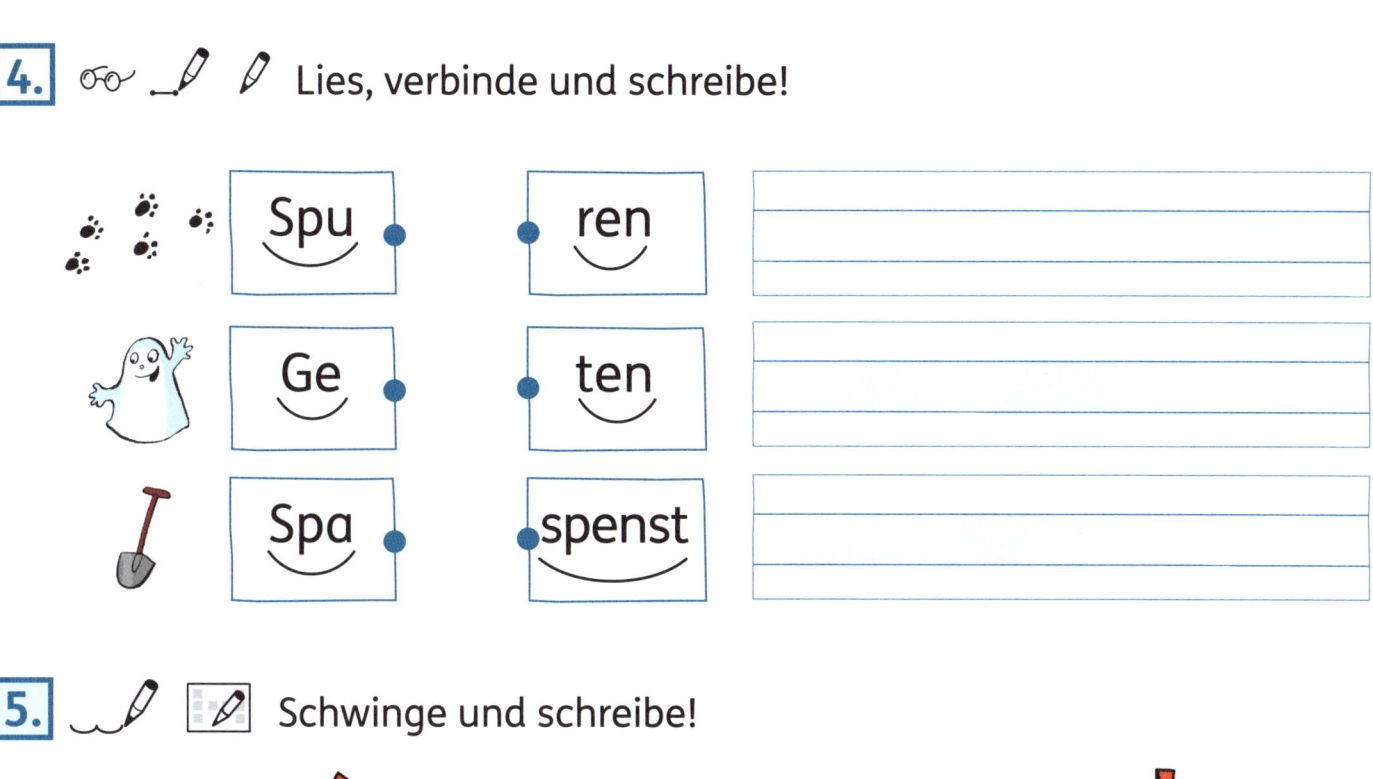

| Spu | • | • | ren | |
| Ge | • | • | ten | |
| Spa | • | • | spenst | |

**5.** ✏️ 📝 Schwinge und schreibe!

**6.** ✏️ 👑 Markiere bei Aufgabe **5.** die Könige!

**7.** 👓 ✏️ Lies mit Silbenbögen!

  **Speisekarte**

  **Sportfeld**

Forderblock
**S. 49/50**

**4.** Wörter mit Sp/sp aus Silben zusammensetzen und schreiben **5.** Wörter mit der Schreibtabelle verschriften
**6.** Könige markieren **7.** lange Wörter aus bekannten Buchstaben mit Silbenbögen erlesen

115

# H h

**1.** 👂 ✏️ ✏️ Wo hörst du **H/h**? Kreise ein! Spure **H** und **h** nach!

**2.** ✏️ ✏️ Schreibe und zeichne Silbenbögen!

**3.** ✏️ 👑 Markiere bei Aufgabe **2.** die Könige!

**1.** H/h nachspuren; H/h abhören und Abhörbilder einkreisen **2.** H/h (und andere eingeführte Buchstaben) in Lineatur schreiben, Silbenbögen zeichnen **3.** Könige markieren

**4.** 👓 ✏️ ✏️ Lies, verbinde und schreibe!

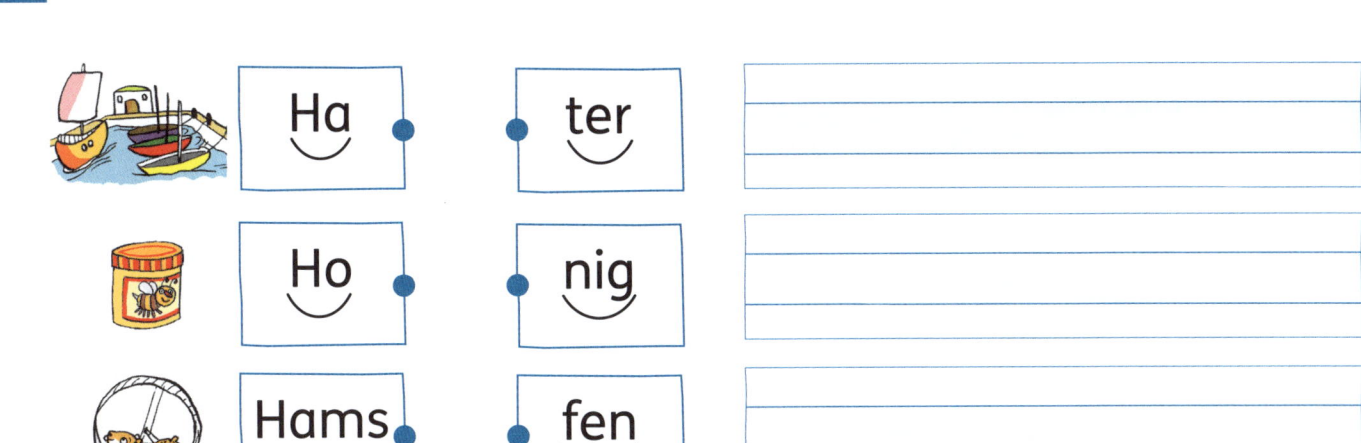

| Ha | ter |
| Ho | nig |
| Hams | fen |

**5.** ✏️ 📝 Schwinge und schreibe!

**6.** ✏️ 👑 Markiere bei Aufgabe **5.** die Könige!

**7.** 👓 ✏️ Lies mit Silbenbögen!

Haselnuss       Hubschrauber

Forderblock
**S. 51/52**

**4.** Wörter mit H aus Silben zusammensetzen und schreiben  **5.** Wörter mit der Schreibtabelle verschriften
**6.** Könige markieren  **7.** lange Wörter aus bekannten Buchstaben mit Silbenbögen erlesen

117

**-ie**

**1.** ✏️ 🖍️ Spure **ie** nach!

ie ie ie ie ie

**2.** ✏️ ✏️ Schreibe und zeichne Silbenbögen!

🏠 ie — 🏠 ie 🏠

🏠 nie — 🏠 nie 🏠

🏠 Knie — 🏠 Knie 🏠

🏠 lieb — 🏠 lieb 🏠

🏠 hier — 🏠 hier 🏠

🏠 sieben — 🏠 sieben 🏠

🏠 spielen — 🏠 spielen 🏠

**3.** 🖊️ 👑 Markiere bei Aufgabe **2.** die Könige!

**1.** ie nachspuren  **2.** ie (und andere eingeführte Buchstaben) in Lineatur schreiben, Silbenbögen zeichnen  **3.** Könige markieren

**4.** 👂✏️ In welchem Wort hörst du **ie**? Male an!

**5.** 👂✏️ Reime und verbinde!

   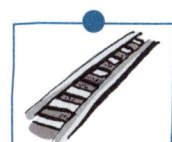 

**6.** 👂✗✏️ Nur drei Wörter reimen sich auf Ziege. Kreuze an!

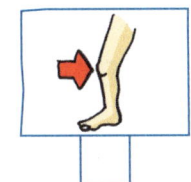  

**1.**  Lies, verbinde und schreibe!

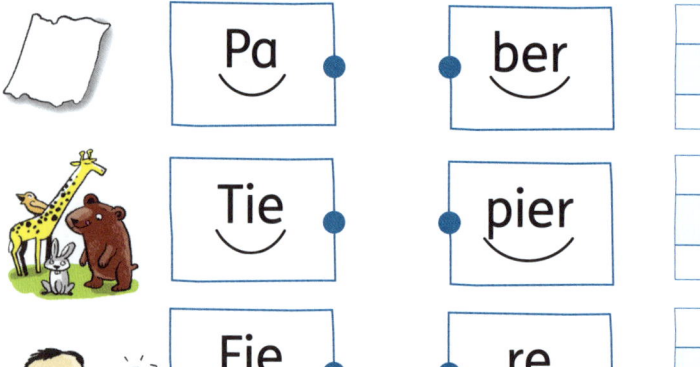

| Pa | • | • | ber |
| Tie | • | • | pier |
| Fie | • | • | re |

**2.** Schwinge und schreibe!

**3.** Markiere bei Aufgabe 2. die Könige!

**4.** Lies mit Silbenbögen!

 Liebesbrief   Papierflieger

1. Wörter mit ie aus Silben zusammensetzen und schreiben  2. Wörter mit der Schreibtabelle verschriften  3. Könige markieren  4. lange Wörter aus bekannten Buchstaben mit Silbenbögen erlesen

**5.** ✏️ 👑 Markiere die Könige!

| | | | |
|---|---|---|---|
| 4 | vier | 🎵 | Lied |
| 🎹 | Klavier | 💑 | Liebe |
| 🧅 | Zwiebel | 🛝 | Spielplatz |
| 🚪 | Schiebetür | | Liegewiese |

**6.** 👓 ✏️ 👑 Welche Könige fehlen? Lies und schreibe!

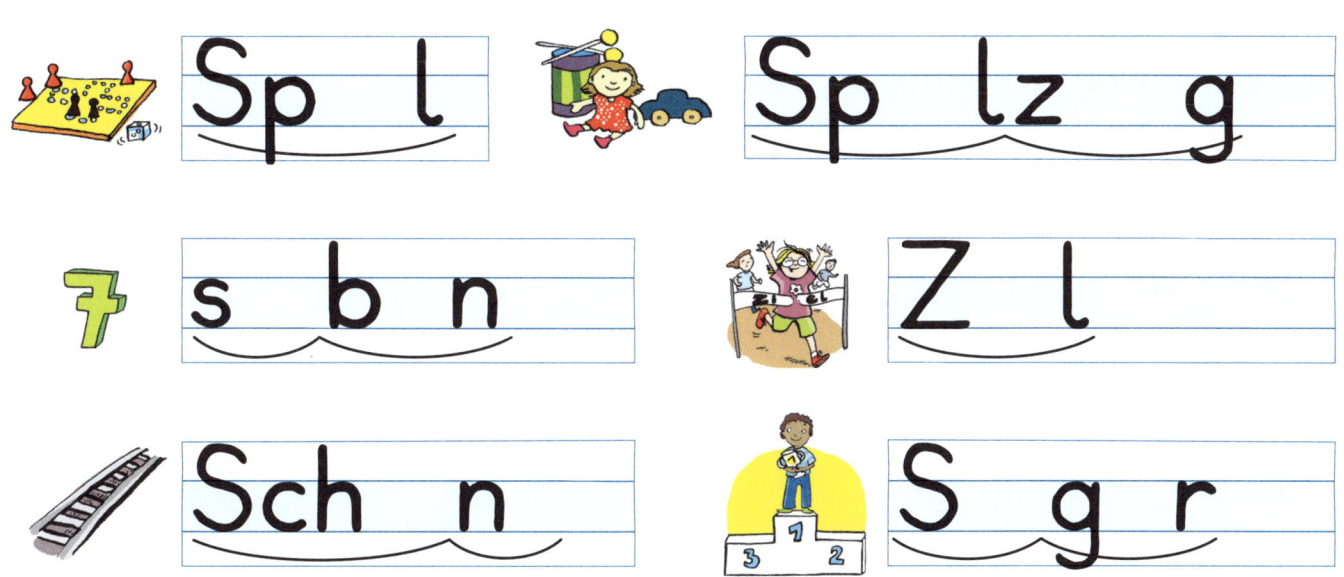

Sp___l          Sp___lz___g

___s___b___n          Z___l

Sch___n          S___g___r

**7.** 👓 ✏️ 👑 Welche Könige fehlen? Lies und schreibe!

[  ]sk[  ]r___l[  ]bt T[  ]r___.

Forderblock S. 53/54

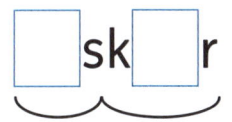 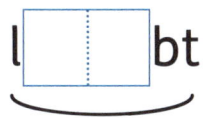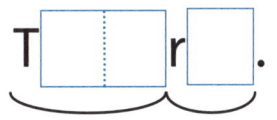

# Das kann ich schon lesen

**1.**  Lies mit Silbenbögen! Verbinde!

| Zie**ge** | Spi**el**ze**ug** | Sch**eu**ne | Stemp**el** | H**eu**h**au**fen |
|---|---|---|---|---|

**2.** Lies und verbinde!

Oskar ist im Baumhaus.

Enes und Lea spielen Zirkus.

Heute gibt es Spagetti.

Ina hat neue Stiefel an.

**1.** Wörter aus bekannten Buchstaben mit Silbenbögen erlesen und mit dem passenden Bild verbinden **2.** Sätze aus bekannten Buchstaben erlesen und mit dem passenden Bild verbinden

# Das habe ich gelernt

**1.** 🖊 Schreibe!

Neunzehn Riesen niesen.

**2.** 👓 🖊 👑 Welche Könige fehlen? Lies und schreibe!

B__n

Fl__gz__g

Sp__rd__s

B__st__n

**3.** 〰🖊 ▨🖊 Schwinge und schreibe!

**4.** 〰🖊 👑 Markiere bei Aufgabe **3.** die Könige!

Das war:

**1.** Spure **Ö** und **ö** nach!

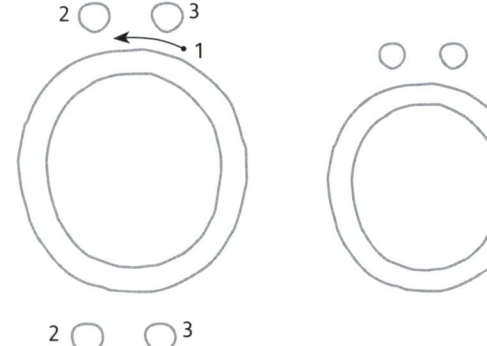
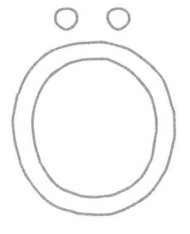

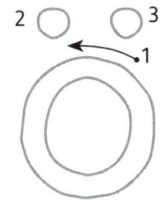

**2.** Schreibe und zeichne Silbenbögen!

Ö

ö

Ö ö

Öl

böse

**3.** Markiere bei Aufgabe **2.** die Könige!

**1.** Ö/ö nachspuren  **2.** Ö/ö (und andere eingeführte Buchstaben) in Lineatur schreiben, Silbenbögen zeichnen  **3.** Könige markieren

**4.** In welchem Wort hörst du **ö**? Male an!

**5.** Wo klingt **Ö/ö**? Schreibe!

**6.** Reime und verbinde!

  **Ö ö**

**1.**  Lies, verbinde und schreibe!

 | Krö • | • ner |
 | Dö • | • be |
 | Kör • | • te |

**2.** Schwinge und schreibe!

**3.**  Markiere bei Aufgabe **2.** die Könige!

**4.**  Lies mit Silbenbögen!

 Dosenöffner

 Götterspeise

**1.** Wörter mit ö aus Silben zusammensetzen und schreiben **2.** Wörter mit der Schreibtabelle verschriften **3.** Könige markieren **4.** lange Wörter aus bekannten Buchstaben mit Silbenbögen erlesen

**5.**  Markiere die Könige!

 zwölf

 Römer

 Törtchen

 Löwenzahn

 Kochlöffel

 Schildkröte

 Dornröschen

 Streichhölzer

**6.**  Welche Könige fehlen? Lies und schreibe!

 F hn

 M hr

 L ff l

 F rst r

 Br tch n

 H rn r

**7.**  Welche Könige fehlen? Lies und schreibe!

D r K n g l bt m Schl ss.

Forderblock
S. 55/56

**Ä ä**

**1.** ✏️✏️ Spure **Ä** und **ä** nach!

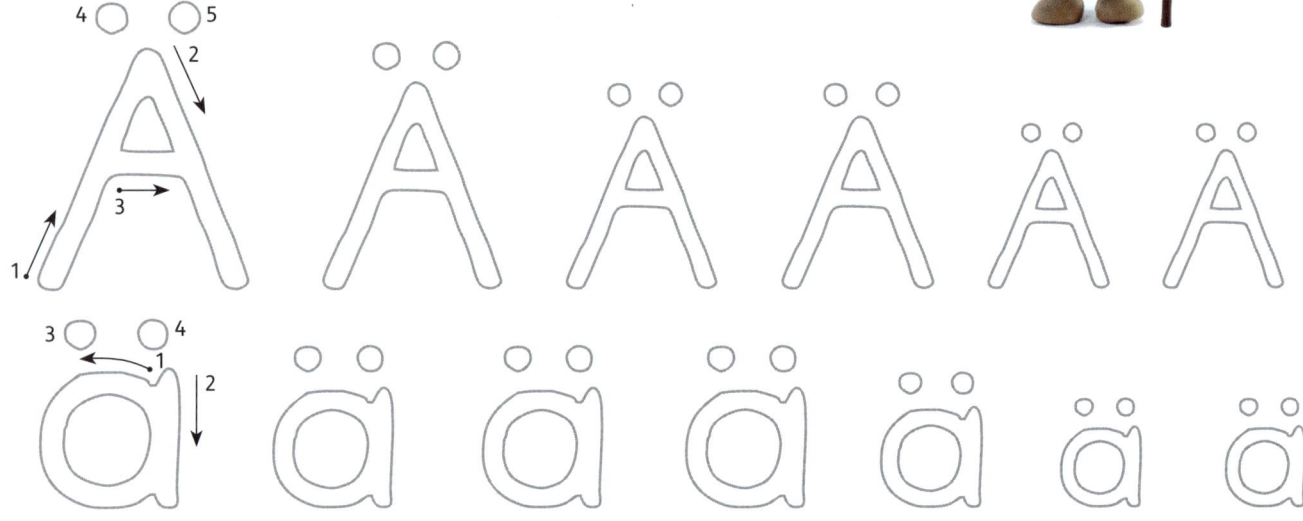

**2.** ✏️ ✏️ Schreibe und zeichne Silbenbögen!

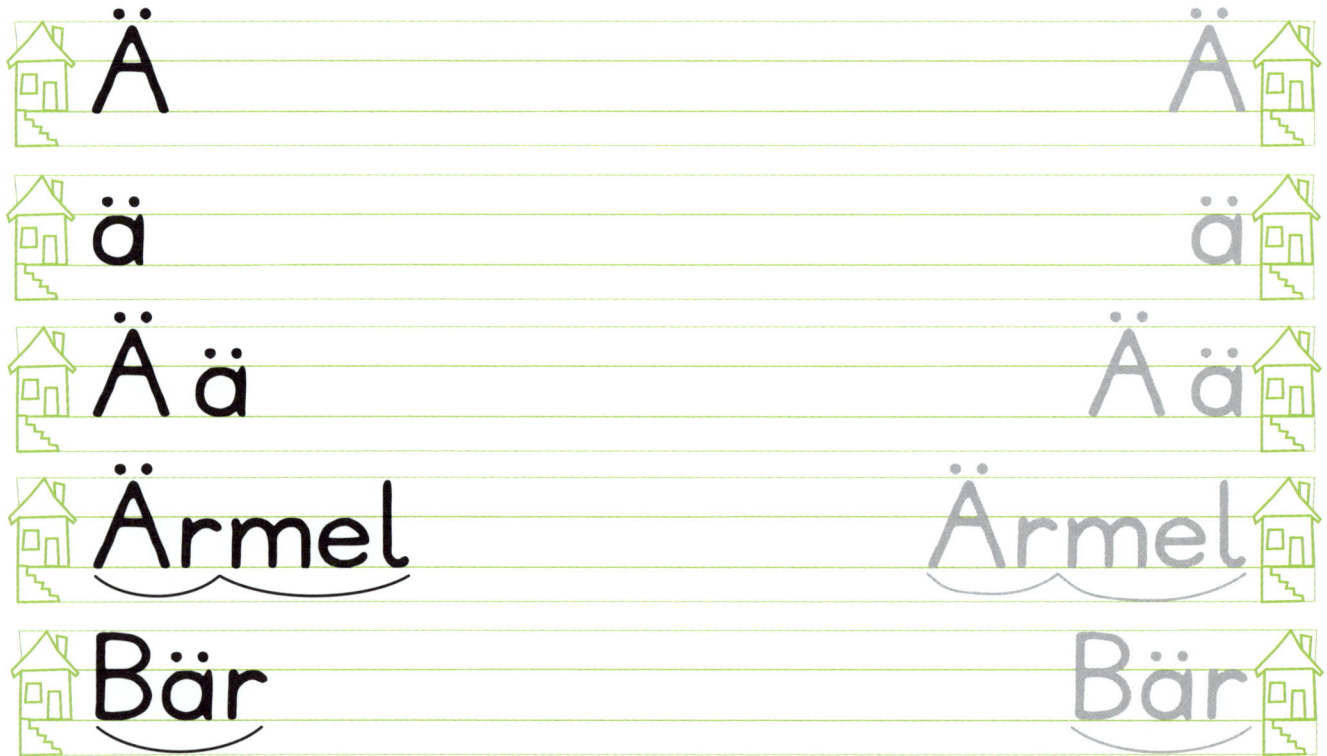

Ä

ä

Ä ä

Ärmel

Bär

**3.** ✏️ 👑 Markiere bei Aufgabe **2.** die Könige!

**1.** Ä/ä nachspuren **2.** Ä/ä (und andere eingeführte Buchstaben) in Lineatur schreiben, Silbenbögen zeichnen **3.** Könige markieren

**4.** 👂 ✏️ In welchem Wort hörst du **ä**? Male an!

**5.** 👂 ✏️ Wo klingt **Ä/ä**? Schreibe!

| Ä | | | ä |
|---|---|---|---|

**6.** 👂 ✏️ Reime und verbinde!

 Ä ä

# 1. 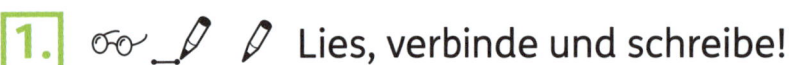 Lies, verbinde und schreibe!

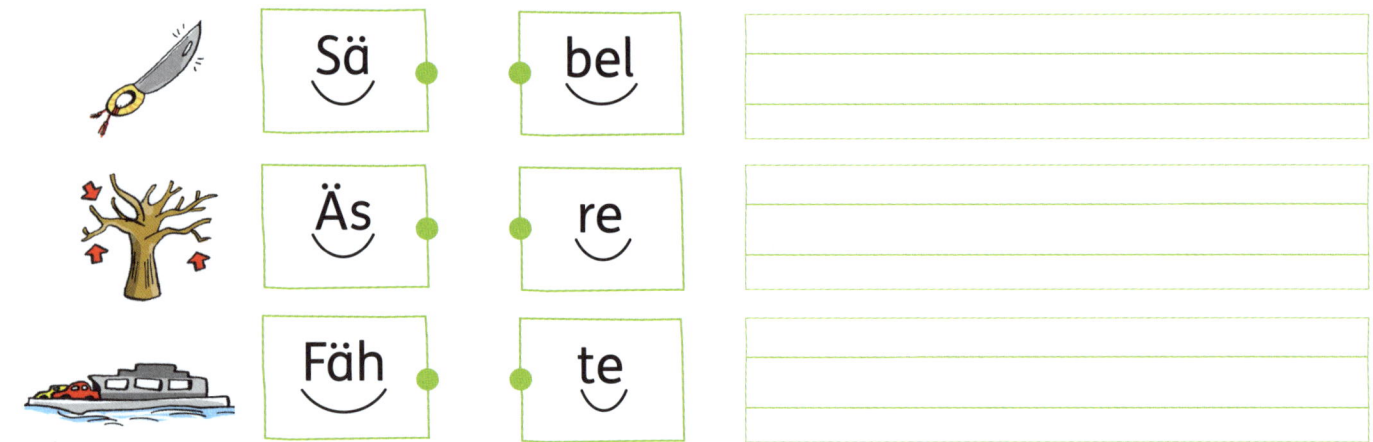

| | |
|---|---|
| Sä | bel |
| Äs | re |
| Fäh | te |

# 2. Schwinge und schreibe!

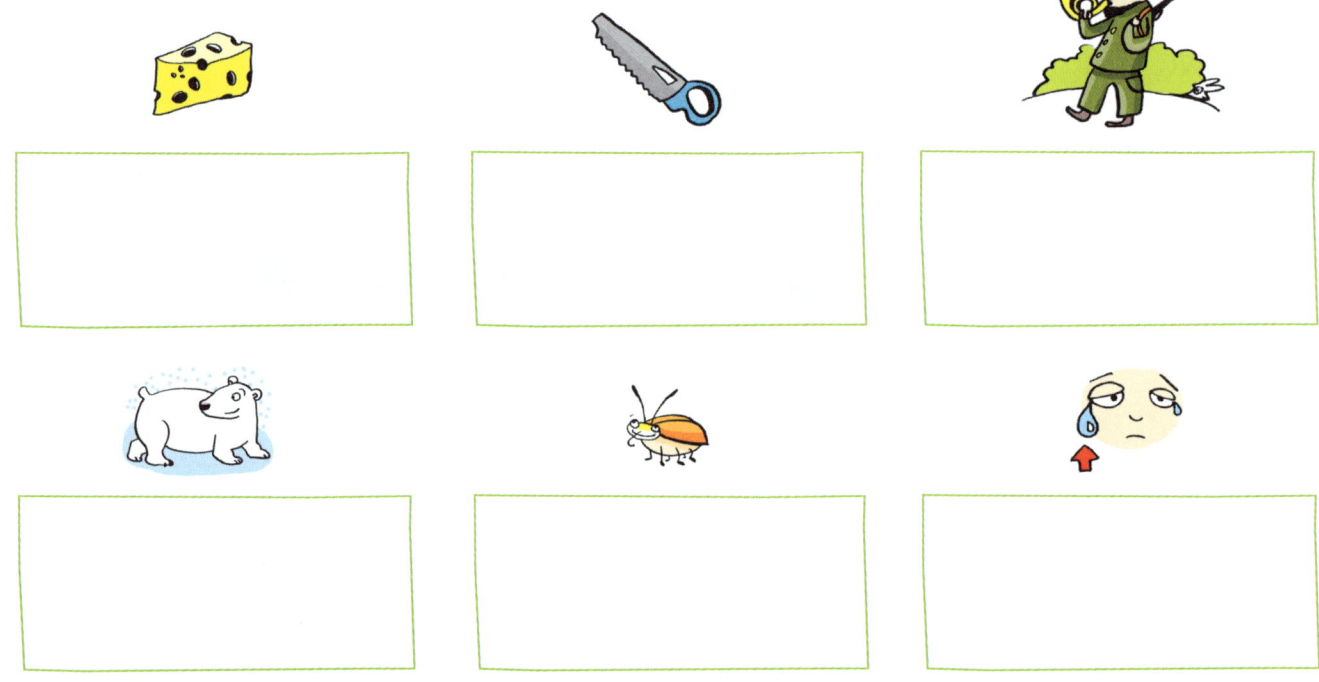

# 3. Markiere bei Aufgabe 2. die Könige!

# 4. Lies mit Silbenbögen!

 Kapitän     Gummibärchen

S. 82–83

Basisheft   S. 128–129 → S. 130–131

1. Wörter mit Ä/ä aus Silben zusammensetzen und schreiben  2. Wörter mit der Schreibtabelle verschriften  3. Könige markieren  4. lange Wörter aus bekannten Buchstaben mit Silbenbögen erlesen

**5.** ✏️ 👑 Markiere die Könige!

| | |
|---|---|
| Mädchen | Gärtner |
| Nachtwächter | Briefträger |
| Läuferin | Gänseblümchen |

**6.** 👓 ✏️ 👑 Aus **a** wird **ä**. Lies und ergänze die Könige!

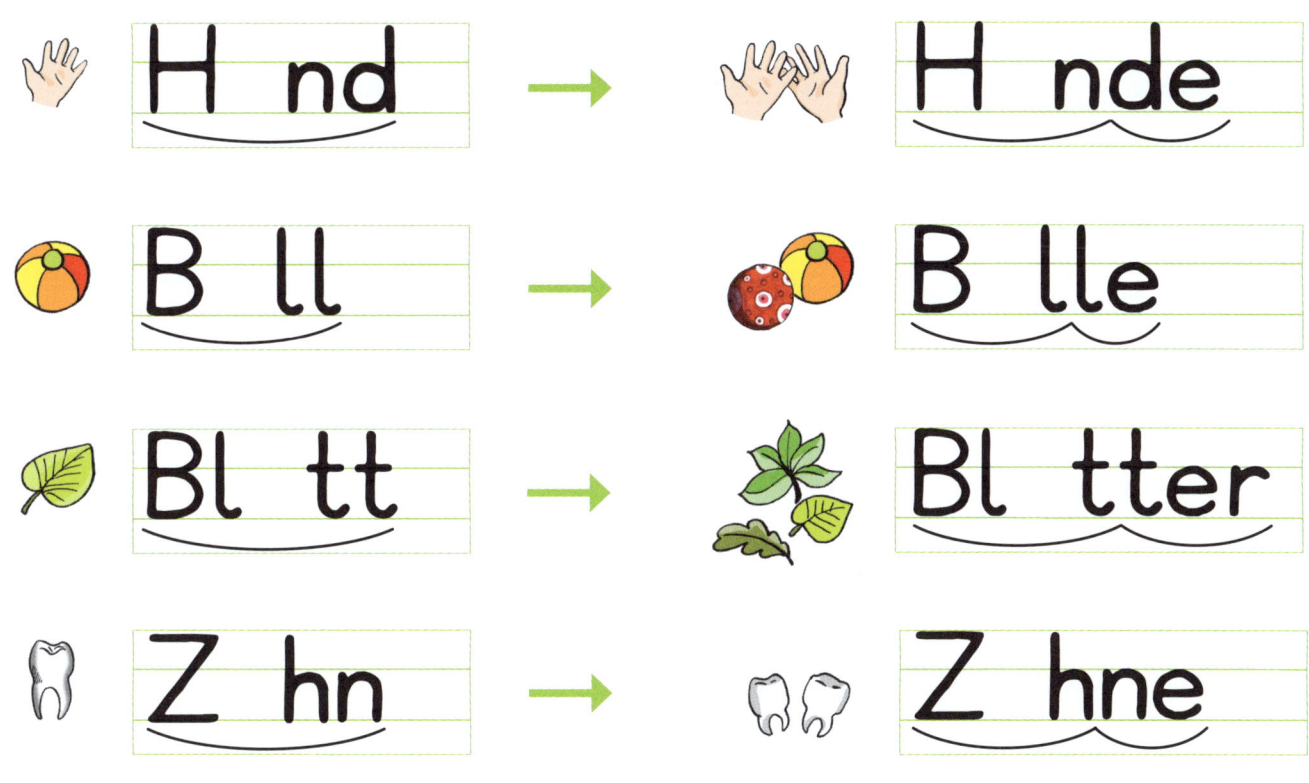

H nd → H nde

B ll → B lle

Bl tt → Bl tter

Z hn → Z hne

**7.** 👓 ✏️ 👑 Welche Könige fehlen? Lies und schreibe!

sk r schl ft sch n.

Forderblock
**S. 57/58**

5. Könige optisch diskriminieren und markieren  6. Wörter lesen und Könige ergänzen  7. Satz lesen und Könige ergänzen

**1.** Wo hörst du **W/w**? Kreise ein! Spure **W** und **w** nach!

**2.** Schreibe und zeichne Silbenbögen!

**3.** Markiere bei Aufgabe **2.** die Könige!

1. W/w nachspuren; W/w abhören und Abhörbilder einkreisen  2. W/w (und andere eingeführte Buchstaben) in Lineatur schreiben, Silbenbögen zeichnen
3. Könige markieren

**4.** 👓 ✏️ ✏️ Lies, verbinde und schreibe!

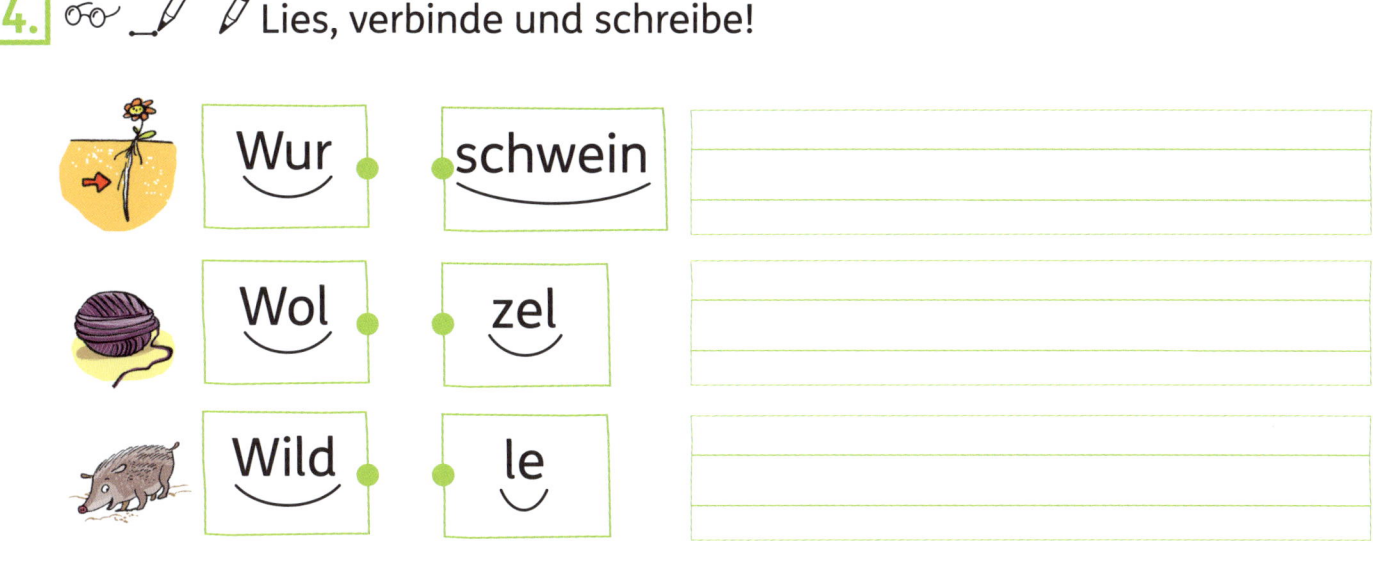

| | |
|---|---|
| Wur | schwein |
| Wol | zel |
| Wild | le |

**5.** ✏️ ▨ Schwinge und schreibe!

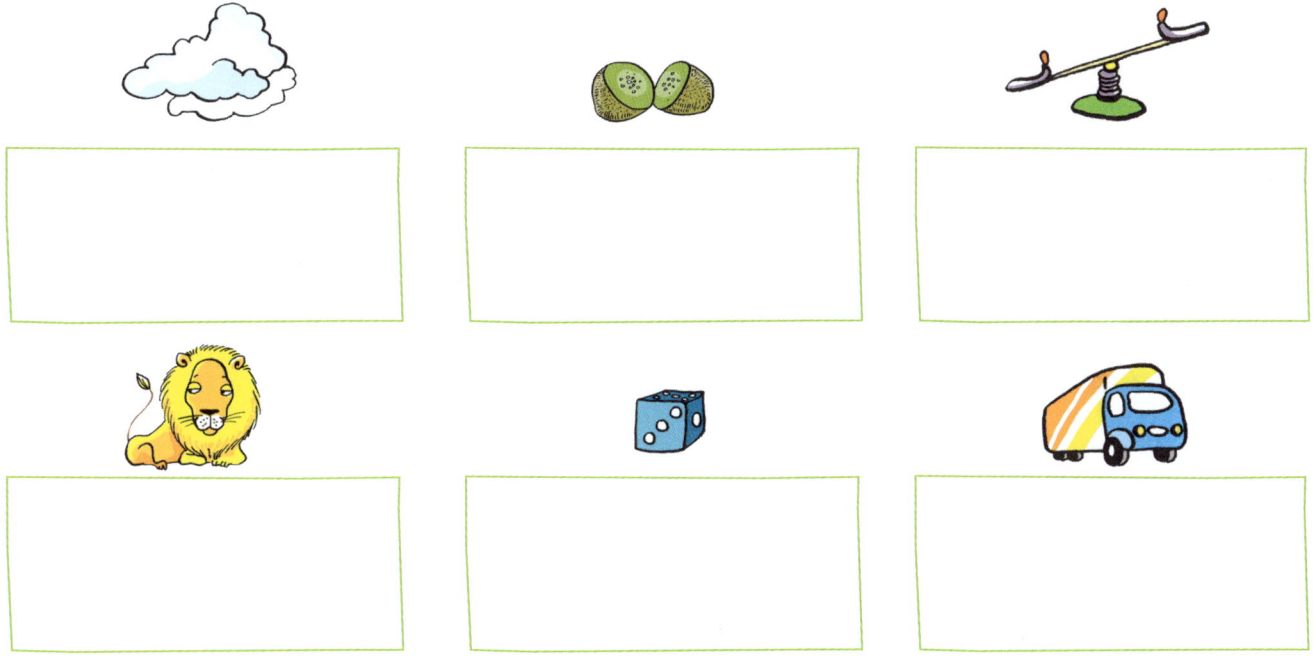

**6.** ✏️ 👑 Markiere bei Aufgabe **5.** die Könige!

**7.** 👓 ✏️ Lies mit Silbenbögen!

 Waffeleisen       Blumenwiese

Forderblock
S. 59/60

**4.** Wörter mit W/w aus Silben zusammensetzen und schreiben  **5.** Wörter mit der Schreibtabelle verschriften
**6.** Könige markieren  **7.** lange Wörter aus bekannten Buchstaben mit Silbenbögen erlesen

133

# -tz

**1.** ✏️ ✏️ Schreibe und zeichne Silbenbögen!

tz        tz

Spatz     Spatz

Witz      Witz

**2.** 🖊️ 👑 Markiere bei Aufgabe **1.** die Könige!

**3.** ✏️ Kreise **tz** ein!

| | | | |
|---|---|---|---|
| Glatze | sitzen | Platz | Pizza |
| Schatzkiste | Latzhose | Herz | putzen |
| Tatze | Kerze | glitzern | Witz |

**4.** ✏️ ✏️ Trage die Wörter mit **tz** ein! Male die Kästchen mit **tz** rot aus!

Forderblock S. 61/62

**1.** tz (und andere eingeführte Buchstaben) in Lineatur schreiben, Silbenbögen zeichnen **2.** Könige markieren **3.** tz optisch diskriminieren **4.** Wörter mit tz schreiben, tz markieren

# -ck

**1.** ✏ ‿ Schreibe und zeichne Silbenbögen!

ck                                                        ck

Rock                                                      Rock

Sack                                                      Sack

**2.** ✏ 👑 Markiere bei Aufgabe 1. die Könige!

**3.** ✏ Kreise **ck** ein!

| | | | |
|---|---|---|---|
| backen | Rucksack | Schnecke | Haken |
| Schneeflocke | Zucker | Dreieck | Oskar |
| Bäcker | Lack | Stock | stecken |

**4.** ✏ ✏ Trage die Wörter mit **ck** ein! Male die Kästchen mit **ck** rot aus!

Forderblock
S. 63/64

Schülerbuch S. 86–87
Basisheft → S. 135 → S. 136–137

1. ck (und andere eingeführte Buchstaben) in Lineatur schreiben, Silbenbögen zeichnen 2. Könige markieren 3. ck optisch diskriminieren 4. Wörter mit ck schreiben, ck markieren

135

# Pf pf

**1.** 👂 👁️ ✏️ Wo hörst du **Pf/pf**? Kreise ein! Spure **Pf** und **pf** nach!

**2.** ✏️ ✏️ Schreibe und zeichne Silbenbögen!

Pf

pf

Pf pf

Pfau

Zopf

**3.** ✏️ 👑 Markiere bei Aufgabe **2.** die Könige!

Basisheft S. 135 → S. 136–137 S. 88–89

**1.** Pf/pf nachspuren; Pf/pf abhören und Abhörbilder einkreisen  **2.** Pf/pf (und andere eingeführte Buchstaben) in Lineatur schreiben, Silbenbögen zeichnen  **3.** Könige markieren

**4.** 👓 ✏️ ✏️ Lies, verbinde und schreibe!

| | Nil •| • sich | |
| Pflau •| • pferd | |
| Pfir •| • me | |

**5.** ✏️ 🖊️ Schwinge und schreibe!

**6.** ✏️ 👑 Markiere bei Aufgabe **5.** die Könige!

**7.** 👓 ✏️ Lies mit Silbenbögen!

 Seepferdchen   Hosenknopf

Forderblock
S. 65/66

**4.** Wörter mit Pf/pf aus Silben zusammensetzen und schreiben  **5.** Wörter mit der Schreibtabelle verschriften
**6.** Könige markieren  **7.** lange Wörter aus bekannten Buchstaben mit Silbenbögen erlesen

**1.**  Lies mit Silbenbögen! Verbinde!

Döner    Säge    Wolke    Blitz    Rucksack

**2.** Lies und verbinde!

Der Bäcker isst ein Törtchen.

Die Katze spielt mit der Wolle.

Das Pferd trabt auf der Wiese.

Tom schläft in der Wiege.

**1.** Wörter aus bekannten Buchstaben mit Silbenbögen erlesen und mit dem passenden Bild verbinden  **2.** Sätze aus bekannten Buchstaben erlesen und mit dem passenden Bild verbinden

**1.** 🖊 Schreibe!

König Fritz pfeift laut.

**2.** 👓 🖊 👑 Welche Könige fehlen? Lies und schreibe!

M w     K w

R ck     Sch tzk st

**3.** 🖊 🖊 Schwinge und schreibe!

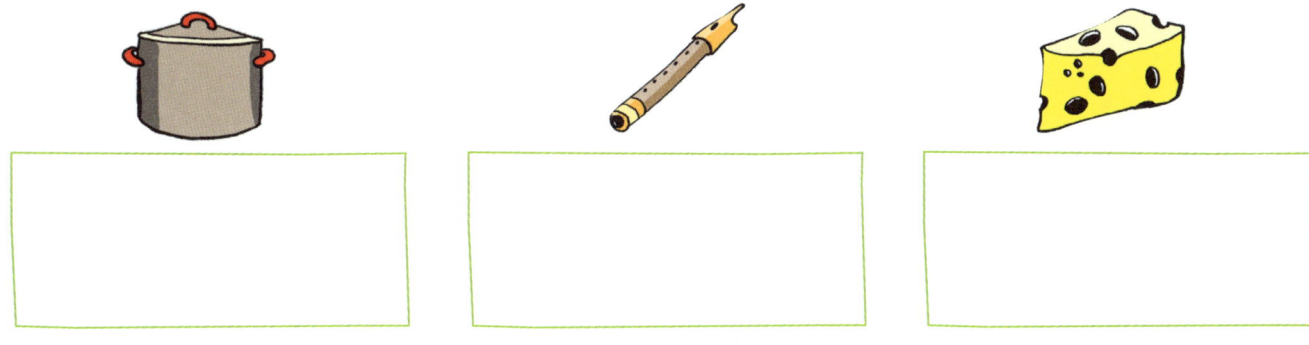

**4.** 🖊 👑 Markiere bei Aufgabe **3.** die Könige!

Das war:

 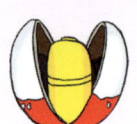

**1.**  Spure **Ü** und **ü** nach!

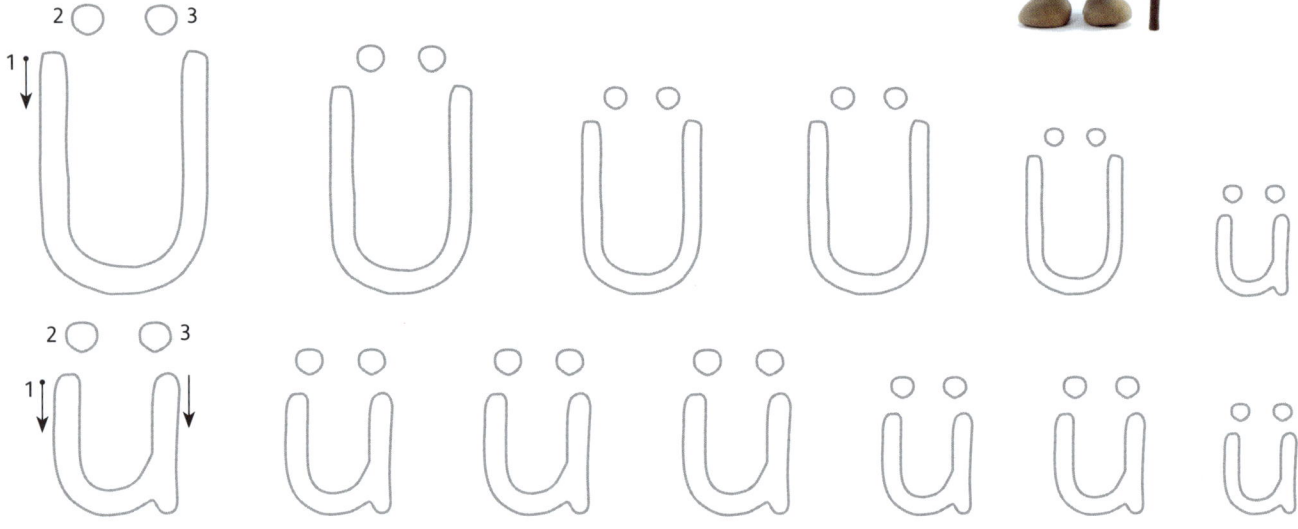

**2.** Schreibe und zeichne Silbenbögen!

Ü

ü

Ü ü

Tüte

über

**3.**  Markiere bei Aufgabe **2.** die Könige!

1. Ü/ü nachspuren   2. Ü/ü (und andere eingeführte Buchstaben) in Lineatur schreiben, Silbenbögen zeichnen   3. Könige markieren

**4.** In welchem Wort hörst du **ü**? Male an!

**5.** Wo klingt **Ü/ü**? Schreibe!   Ü ⬜   ⬜ ü

⬜⬜  ⬜⬜  ⬜⬜  ⬜⬜  ⬜⬜  ⬜⬜

**6.** Reime und verbinde!

Ü ü

**1.**  Lies, verbinde und schreibe!

 | Hü • | • te |
 | Gür • | • te |
 | Wüs • | • tel |

**2.** Schwinge und schreibe!

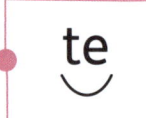

**3.** Markiere bei Aufgabe **2.** die Könige!

**4.** Lies mit Silbenbögen!

 Mülleimer      Steigbügel

**1.** Wörter mit ü aus Silben zusammensetzen und schreiben **2.** Wörter mit der Schreibtabelle verschriften **3.** Könige markieren **4.** lange Wörter aus bekannten Buchstaben mit Silbenbögen erlesen

**5.**  Markiere die Könige!

 Müll

 Hühner

 Rüstung

 Flügel

 Blüte

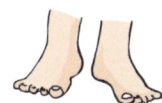 Füße

 Zahnbürste

 Spülmaschine

**6.**  Welche Könige fehlen? Lies und schreibe!

5 f_nf

 H_tt

 N_ss

 K_h

 F_ll_r

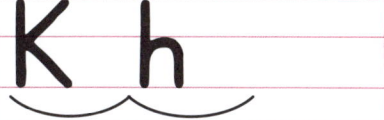 K_rb_s

**7.**  Welche Könige fehlen? Lies und schreibe!

_ll_ tr_g_n H_t_ .

Forderblock
S. 67/68

# J j

**1.** 👂 ✎ ✏ Wo hörst du **J/j**? Kreise ein! Spure **J** und **j** nach!

**2.** ✎ ⌣✎ Schreibe und zeichne Silbenbögen!

J

j

J j

Juni

ja

**3.** ✎ 👑 Markiere bei Aufgabe **2.** die Könige!

**1.** J/j nachspuren; J/j abhören und Abhörbilder einkreisen  **2.** J/j (und andere eingeführte Buchstaben) in Lineatur schreiben, Silbenbögen zeichnen
**3.** Könige markieren

**4.** 👓 ✏️ ✏️ Lies, verbinde und schreibe!

| | | |
|---|---|---|
| Ju | hund | |
| Ka | do | |
| Jagd | jak | |

**5.** ✏️ 🔲 Schwinge und schreibe!

**6.** ✏️ 👑 Markiere bei Aufgabe **5.** die Könige!

**7.** 👓 ✏️ Lies mit Silbenbögen!

 **Jahrmarkt**      **Juwelen**

Forderblock
S. 69/70

4. Wörter mit J/j aus Silben zusammensetzen und schreiben  5. Wörter mit der Schreibtabelle verschriften  6. Könige markieren
7. lange Wörter aus bekannten Buchstaben mit Silbenbögen erlesen

# -ng

**1.** 🖊️ ～🖊️ Schreibe und zeichne Silbenbögen!

ng        ng

lang      lang

eng       eng

**2.** 🖊️ 👑 Markiere bei Aufgabe **1.** die Könige!

**3.** 🖊️ Kreise **ng** ein!

| singen | Zeitung | rennen | Wange |
|--------|---------|--------|-------|
| fangen | Schlange | sinken | Heizung |
| Punkt | Kleidung | Frühling | Schranke |

**4.** 🖊️🖊️ Trage die Wörter mit **ng** ein! Male die Kästchen mit **ng** rot aus!

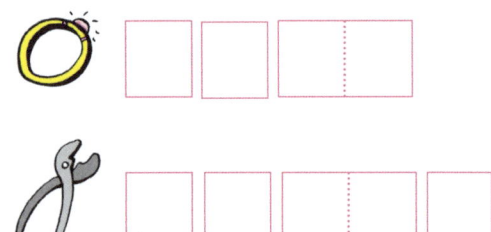

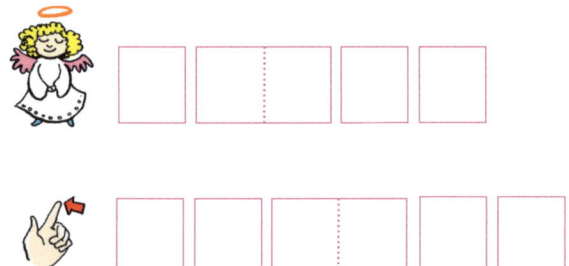

**1.** ng (und andere eingeführte Buchstaben) in Lineatur schreiben, Silbenbögen zeichnen **2.** Könige markieren **3.** ng optisch diskriminieren **4.** Wörter mit ng schreiben, ng markieren

-ß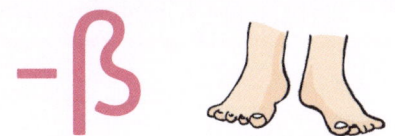

**1.** 👂 ✏️ ✏️ Wo hörst du **ß**? Kreise ein! Spure **ß** nach!

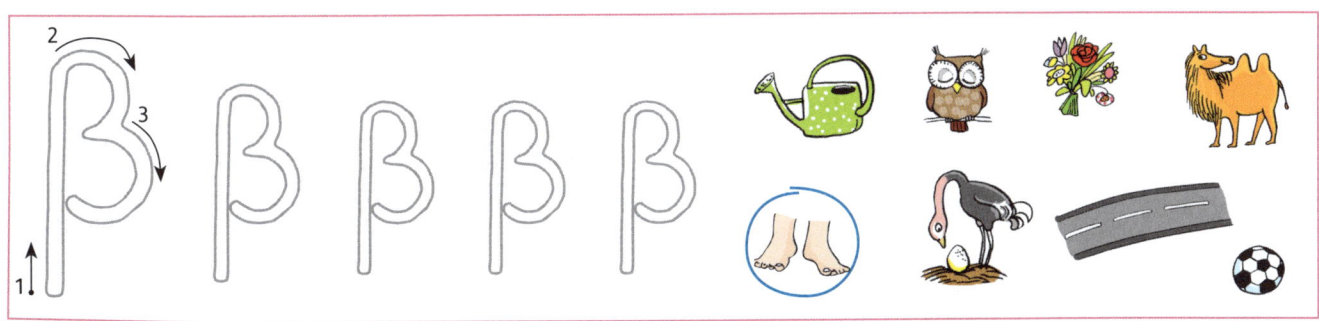

**2.** ✏️ ✏️ Schreibe und zeichne Silbenbögen!

ß

süß

heiß

**3.** ✏️ 👑 Markiere bei Aufgabe **2.** die Könige!

**4.** ✏️ ✏️ Trage die Wörter mit **ß** ein! Male die Kästchen mit **ß** rot aus!

| | | | e | | | |
| l | | | |

| | | o | | | | r | | |

Forderblock
S. 71/72

Schülerbuch

Basisheft    S. 146 → S. 147    S. 98–99

**1.** ß nachspuren; ß abhören und Abhörbilder einkreisen **2.** ß (und andere eingeführte Buchstaben) in Lineatur schreiben, Silbenbögen zeichnen
**3.** Könige markieren **4.** Wörter mit ß schreiben, ß markieren

147

# V v

**1.** Spure **V** und **v** nach! Höre genau und verbinde!

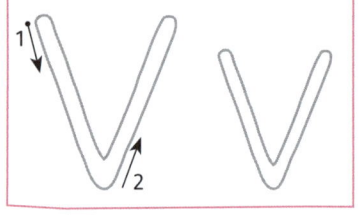

**V/v** klingt wie bei **Vogel**

**V/v** klingt wie bei **Vase**

**2.** Schreibe und zeichne Silbenbögen!

V

v

V v

Vater

viel

**3.** 👑 Markiere bei Aufgabe **2.** die Könige!

1. V/v nachspuren; Wörter mit V/v abhören und dem Klang nach mit den Beispielwörtern verbinden  2. V/v (und andere eingeführte Buchstaben) in Lineatur schreiben, Silbenbögen zeichnen  3. Könige markieren

**4.** 👓 ✏️ ✏️  Lies, verbinde und schreibe!

| Veil ⌣ | • • | ve ⌣ | |
| Kur ⌣ | • • | chen ⌣ | |
| Kla ⌣ | • • | vier ⌣ | |

**5.** ✏️ ▦  Schwinge und schreibe!

**6.** ✏️ 👑  Markiere bei Aufgabe **5.** die Könige!

**7.** 👓 ✏️  Lies mit Silbenbögen!

 Vogelscheuche    Lokomotive

Forderblock
S. 73/74

---

**4.** Wörter mit V/v aus Silben zusammensetzen und schreiben   **5.** Wörter mit der Schreibtabelle verschriften
**6.** Könige markieren   **7.** lange Wörter aus bekannten Buchstaben mit Silbenbögen erlesen

# Das kann ich schon lesen

**1.**  Lies mit Silbenbögen! Verbinde!

| Hüte | Jojo | Straße | Engel | Vulkan |
|------|------|--------|-------|--------|

 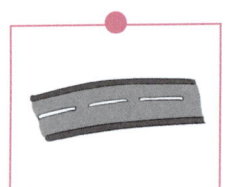   

**2.**  Lies und verbinde!

Der Vampir trägt einen Umhang.

Oskar beißt in ein Würstchen.

Mama liest Zeitung.

Die Hühner haben Küken.

1. Wörter aus bekannten Buchstaben mit Silbenbögen erlesen und mit dem passenden Bild verbinden  2. Sätze aus bekannten Buchstaben erlesen und mit dem passenden Bild verbinden

**1.** 🖊 Schreibe!

**Der Vulkan ist heiß.**

**2.** 👓 🖊 👑 Welche Könige fehlen? Lies und schreibe!

5  f_nf

F_ß

Kl_ß

V_s_

**3.** 🖊 🖊 Schwinge und schreibe!

**4.** 🖍 👑 Markiere bei Aufgabe 3. die Könige!

Das war:

 **äu**

**1.** ✏️ 〰️ Schreibe und zeichne Silbenbögen!

äu | äu
Räuber | Räuber
läuten | läuten

**2.** ✏️ 👑 Markiere bei Aufgabe **1.** die Könige!

**3.** 👓 ✏️ 👑 Aus **au** wird **äu**. Lies und ergänze die Könige!

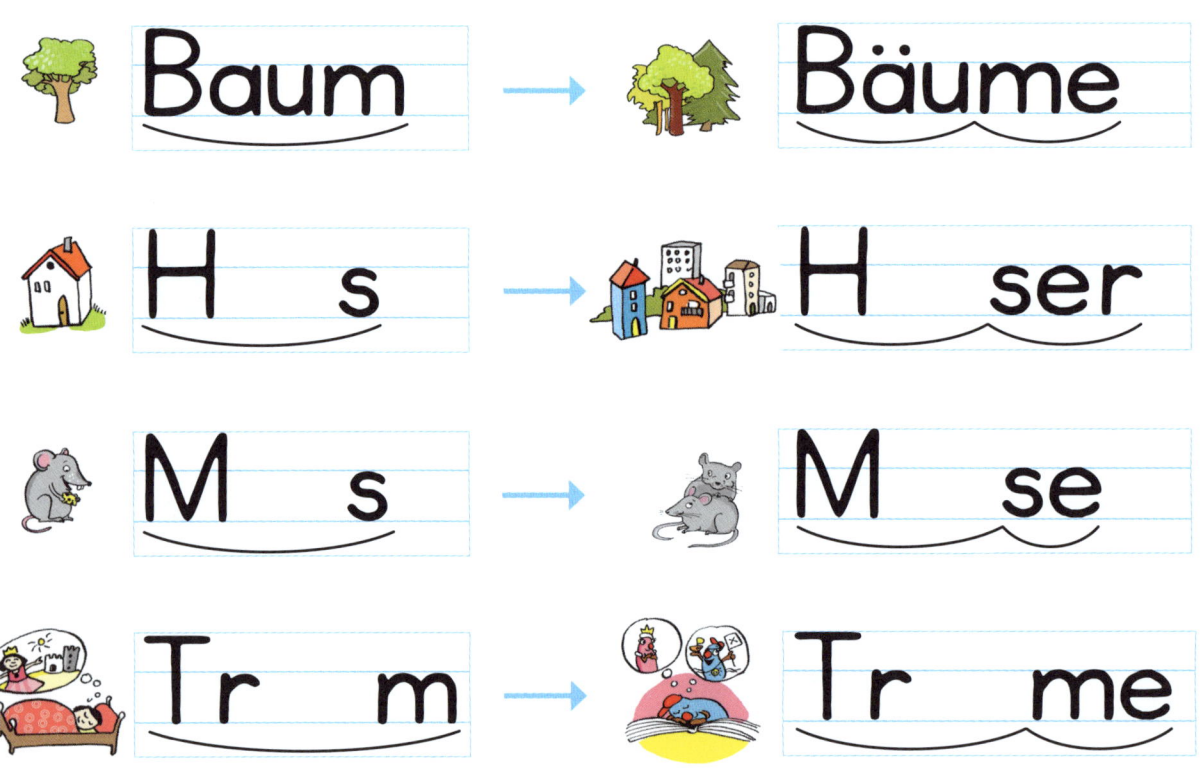

Baum → Bäume

H__s → H__ser

M__s → M__se

Tr__m → Tr__me

Forderblock
S. 75/76

**1.** äu (und andere eingeführte Buchstaben) in Lineatur schreiben, Silbenbögen zeichnen **2.** Könige markieren **3.** Wörter lesen und Könige ergänzen (ableiten au → äu)

C c

**1.** ✏️ ⌣ Schreibe und zeichne Silbenbögen!

C c                                             C c

Cent                                          Cent

Nico                                          Nico

**2.** ✏️ 👑 Markiere bei Aufgabe 1. die Könige!

**3.** 👂 ✏️ In welchem Wort klingt C/c anders? Kreise ein!

**4.** 👓 ✏️ Es gibt viele englische Wörter mit C/c.
Welche kennst du? Verbinde!

| Computer | Cowboy | cool | Camping | Container |

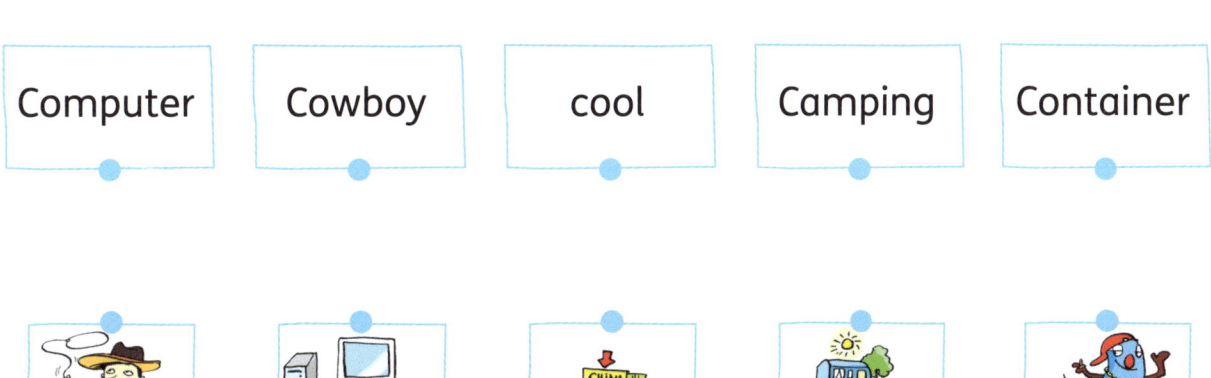

Schülerbuch                                     S. 112–113

Basisheft          S. 152 → S. 153

1. C/c (und andere eingeführte Buchstaben) in Lineatur schreiben, Silbenbögen zeichnen  2. Könige markieren  3. Wörter mit C/c abhören
4. englische Wörter mit C/c kennenlernen und zuordnen

153

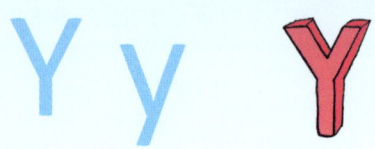

**1.** 🖊️🖊️ Spure **Y** und **y** nach!

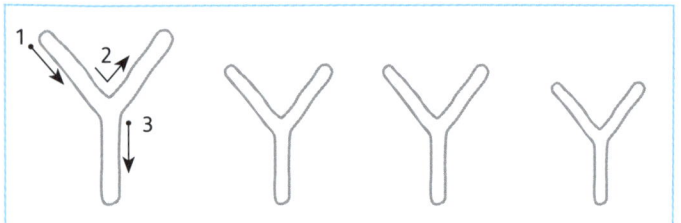
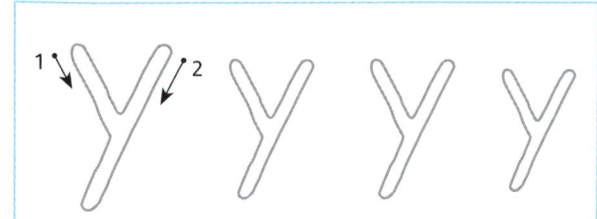

**2.** 🖊️〰️🖊️ Schreibe und zeichne Silbenbögen!

Y y

Yoga

Baby

**3.** ✏️ 👑 Markiere bei Aufgabe **2.** die Könige!

**4.** 👂✏️ Höre und verbinde!

**Y/y** klingt wie bei **Yak**

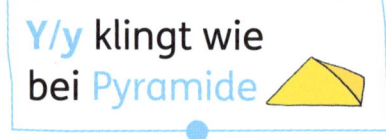

**Y/y** klingt wie bei **Pyramide**

**Y/y** klingt wie bei **Handy**

1. Y/y nachspuren  2. Y/y (und andere eingeführte Buchstaben) in Lineatur schreiben, Silbenbögen zeichnen  3. Könige markieren  4. Wörter mit Y/y abhören und dem Klang nach mit den Beispielwörtern verbinden

# X x

**1.** 👂 ✏️ ✏️ Wo hörst du **x**? Kreise ein! Spure **X** und **x** nach!

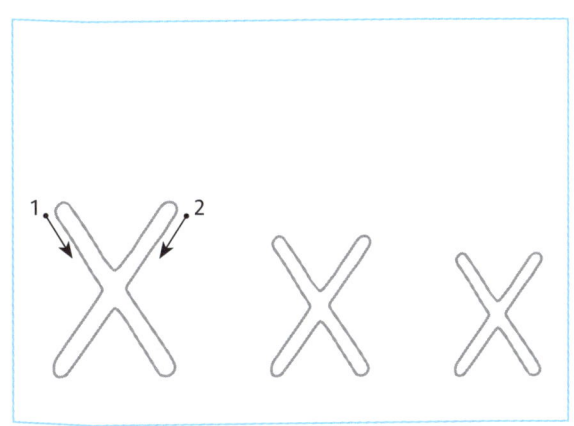 

**2.** ✏️ ✍️ Schreibe und zeichne Silbenbögen!

X x

Axt

**3.** ✏️ 👑 Markiere bei Aufgabe **2.** die Könige!

**4.** ✏️✏️ Trage die Wörter mit **x** ein! Male die Kästchen mit **x** rot aus!

Forderblock
S. 77/78

**1.** X/x nachspuren; x abhören und Abhörbilder einkreisen **2.** X/x (und andere eingeführte Buchstaben) in Lineatur schreiben, Silbenbögen zeichnen **3.** Könige markieren **4.** Wörter mit x schreiben, x markieren

# Qu qu

**1.** 👂 ✏️ Wo hörst du **Qu**? Kreise ein! Spure **Qu** und **qu** nach!

**2.** ✏️ Schreibe und zeichne Silbenbögen!

Qu qu

Quirl

quer

**3.** ✏️ 👑 Markiere bei Aufgabe **2.** die Könige!

**4.** ✏️ Trage die Wörter mit **Qu/qu** ein!
Male die Kästchen mit **Qu/qu** rot aus!

1. Qu/qu nachspuren; Qu abhören und Abhörbilder einkreisen   2. Qu/qu (und andere eingeführte Buchstaben) in Lineatur schreiben, Silbenbögen zeichnen
3. Könige markieren   4. Wörter mit Qu/qu schreiben, Qu/qu markieren

# -nk

**1.** ✏ ◡✏ Schreibe und zeichne Silbenbögen!

nk                                          nk

Tank                                        Tank

links                                       links

**2.** 🖊 👑 Markiere bei Aufgabe 1 die Könige!

**3.** ✏ Kreise nk ein!

| Schinken | Angel | Gelenk | zanken |
|----------|-------|--------|--------|
| winken | krank | schenken | Frankreich |
| Zange | pink | Geschenk | Punkt |

**4.** ✏ ✏ Trage die Wörter mit nk ein! Male die Kästchen mit nk rot aus!

Forderblock
S. 79/80

Schülerbuch                                    S. 118–119    157
Basisheft    S. 156 → S. 157

1. nk (und andere eingeführte Buchstaben) in Lineatur schreiben, Silbenbögen zeichnen  2. Könige markieren  3. nk optisch diskriminieren  4. Wörter mit nk schreiben, nk markieren

**1.** ✎ Lies mit Silbenbögen! Verbinde!

| Baby | Boxer | Qualle | Bank | Räuber |
|------|-------|--------|------|--------|

**2.** ✎ Lies und verbinde!

Der Yeti fährt Taxi.

Die Mäuse naschen am Quark.

Oskars Computer ist pink.

Oskars Mama macht Yoga.

**1.** Wörter aus bekannten Buchstaben mit Silbenbögen erlesen und mit dem passenden Bild verbinden   **2.** Sätze aus bekannten Buchstaben erlesen und mit dem passenden Bild verbinden

**1.** ✏ Schreibe!

**Kinder machen Quatsch.**

**2.** 👓 ✏ 👑 Welche Könige fehlen? Lies und schreibe!

H s r    Qu dr t

G sch nk    B m

**3.** ✏ ▦✏ Schwinge und schreibe!

**4.** ✏ 👑 Markiere bei Aufgabe **3.** die Könige!

Das war: ☹ 🙂 😊 😄

## 👑 Au au

## Gg

## Zz

## 👑 Ei ei

## Dd

## Hh

## 👑 Eu eu

## Pp

## Ww

## 👑 Ö ö

## Sch sch

## Jj

## 👑 Ü ü

# Oskar Schreibtabelle

**P p**

**T t**

**K k**

**Z z**

**F f**

**Sch sch**

**-ch**

**N n**

**L l**

**Eu eu**

**Ei ei**

**Ö ö**

**Ü ü**

**A a**

**E e**

**I i**

**O o**

**U u**

**Au au**

**-ie**

**M m**

**R r**

**B b**

**D d**

**G g**

**S s**

**W w**

**J j**

**H h**

Oskar, Schreibtabelle: © Ernst Klett Verlag GmbH, Stuttgart 2011. Alle Rechte vorbehalten. Nicht einzeln lieferbar. Ersatzsortiment: 10 Stück eingeschweißt. Zur ISBN 978-3-12-300494-0

Sp sp · St st · C c · Qu qu · Pf pf · V v

B b · D d · G g · S s · W w · J j · H h

M m · R r

A a · E e · I i · O o · U u · Au au · -ie

Ä ä · Eu eu · Ei ei · Ö ö · Ü ü · äu · Y y

N n · L l

P p · T t · K k · Z z · F f · Sch sch · -ch

-ng · -nk · -ck · -tz · -ß · X x

Klett

# Oskar **Basisheft Teil A**

**1**

| | |
|---|---|
| Herausgegeben von | Prof. Dr. Cordula Löffler |
| Erarbeitet von | Beate Eckert-Kalthoff |
| | Alexandra Feld |
| | Anna Wieland |

Ernst Klett Verlag
Stuttgart · Leipzig

# Lernplan

Schätze dich ein!

**Lerndokumentation für die Lehrerin/den Lehrer**

| Seiten | Aufgaben | | | | | | | Forderblock |
|---|---|---|---|---|---|---|---|---|
| 16/17 | 1. | 2. | 3. | 4. | 5. | | | |
| 18/19 | 1. | 2. | 3. | 4. | 5. | 6. | 7. | S. 1/2 |
| 20/21 | 1. | 2. | 3. | 4. | 5. | 6. | | |
| 22/23 | 1. | 2. | 3. | 4. | 5. | 6. | 7. | S. 3/4 |
| 24/25 | 1. | 2. | 3. | 4. | 5. | 6. | | |
| 26/27 | 1. | 2. | 3. | 4. | 5. | 6. | 7. | S. 5/6 |
| 28/29 | 1. | 2. | 3. | 4. | 5. | 6. | | |
| 30/31 | 1. | 2. | 3. | 4. | 5. | 6. | 7. | S. 7/8 |
| 32/33 | 1. | 2. | 3. | 4. | 5. | 6. | | |
| 34/35 | 1. | 2. | 3. | 4. | 5. | 6. | 7. | S. 9/10 |
| | | | | | | | | |
| Datum | | | | | | | | |
| Datum | | | | | | | | |

| Seiten | Aufgaben | | | | | | | Forderblock |
|---|---|---|---|---|---|---|---|---|
| 38/39 | 1. | 2. | 3. | 4. | 5. | 6. | | |
| 40/41 | 1. | 2. | 3. | 4. | 5. | 6. | 7. | S. 11/12 |
| 42/43 | 1. | 2. | 3. | 4. | 5. | 6. | | |
| 44/45 | 1. | 2. | 3. | 4. | 5. | 6. | 7. | S. 13/14 |
| 46/47 | 1. | 2. | 3. | 4. | 5. | 6. | | |
| 48/49 | 1. | 2. | 3. | 4. | 5. | 6. | 7. | S. 15/16 |
| 50/51 | 1. | 2. | 3. | 4. | 5. | 6. | | |
| 52/53 | 1. | 2. | 3. | 4. | 5. | 6. | 7. | S. 17/18 |
| 54/55 | 1. | 2. | 3. | 4. | 5. | 6. | | |
| 56/57 | 1. | 2. | 3. | 4. | 5. | 6. | 7. | S. 19/20 |
| | | | | | | | | |
| Datum | | | | | | | | |
| Datum | | | | | | | | |

Zum Umgang mit der Lerndokumentation:
In der linken Spalte können die SchülerInnen für jeden bearbeiteten Laut/Buchstaben ein für sie passendes Smiley-Gesicht in das Kästchen malen. In der rechten Spalte kreuzen Sie als LehrerIn die vom Kind bearbeiteten Aufgaben an.

| Seiten | Aufgaben | | | | | | | Forderblock |
|--------|----|----|----|----|----|----|----|------------|
| 60/61 | 1. | 2. | 3. | 4. | 5. | 6. | | |
| 62/63 | 1. | 2. | 3. | 4. | 5. | 6. | 7. | S. 21/22 |
| 64/65 | 1. | 2. | 3. | 4. | 5. | 6. | | |
| 66/67 | 1. | 2. | 3. | 4. | 5. | 6. | 7. | S. 23/24 |
| 68/69 | 1. | 2. | 3. | 4. | 5. | 6. | | |
| 70/71 | 1. | 2. | 3. | 4. | 5. | 6. | 7. | S. 25/26 |
| 72/73 | 1. | 2. | 3. | 4. | 5. | 6. | | |
| 74/75 | 1. | 2. | 3. | 4. | 5. | 6. | 7. | S. 27/28 |
| 76/77 | 1. | 2. | 3. | 4. | 5. | 6. | 7. | S. 29/30 |
| Datum | | | | | | | | |
| Datum | | | | | | | | |

Übrige Laute/Buchstaben in Teil B, S. 81 – 160!

Farbig unterlegt sind die Aufgaben aus den Anforderungsbereichen 2 ▢ und 3 ▢. ▷ S. 1/2 steht für den Forderblock – hier kann angekreuzt werden, ob die Schülerin/der Schüler zusätzlich im Forderblock gearbeitet hat. Zu den Lese- und Lernstandsseiten können jeweils ein Datum und eine Bemerkung eingetragen werden. So kann die Lerndokumentation Sie bei einem Elterngespräch unterstützen.

3

**1.** Betrachtet gemeinsam eure Oskar-Schreibtabelle und sprecht darüber!

**1.** mit der Schreibtabelle vertraut werden: Anlautbilder benennen; einfache Wörter (z.B. Kindernamen) abhören; Anlaute und Bilder/Gegenstände zuordnen; den Oskar-Schreibtabellen-Rap kennenlernen → Audio-CD im Lehrerband

**2.** 🖊 Welcher Buchstabe gehört zu welchem Bild? Verbinde!

M A T L Z O

S G P R K U

W D I J F E

**3.** 🖊 Male weiter!

**1.** ✏️ Male das richtige Bild an!

T  |  C

E  

L  

R  

K  

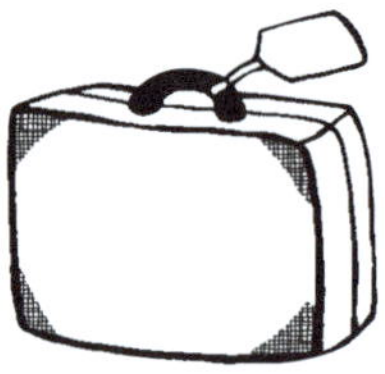

U  

A  

S  

**2.** ✏️ Male weiter!

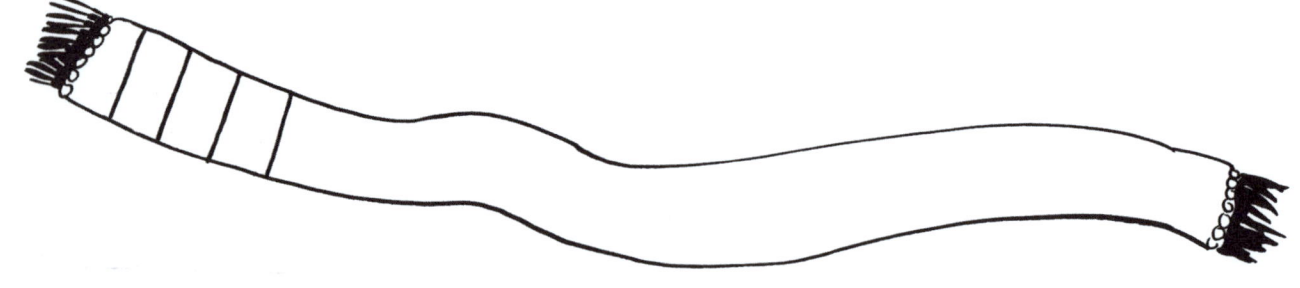

1. mit der Schreibtabelle vertraut werden: zu den Buchstaben passende Anlautbilder anmalen  2. Übung zur Verbesserung der Feinmotorik

**3.** ✏ Schreibe den richtigen Buchstaben zum Bild!

**4.** 👂 ✏ Was klingt am Anfang gleich? Verbinde!

**5.** ✏ Male weiter!

**3.** mit der Schreibtabelle vertraut werden: passende Buchstaben zu den Anlautbildern schreiben **4.** Wörter mit denselben Anlauten verbinden **5.** Übung zur Verbesserung der Feinmotorik; zusätzliche Übungen zur Arbeit mit der Schreibtabelle finden Sie als Kopiervorlagen im Lehrerband

7

Diese Laute nennen wir Könige.

A, E, I, O, U –
das weiß ich im Nu –
sind die Könige der Laute!
A, E, I, O, U

**1.** 👂 ✏️ **Was klingt am Anfang gleich? Verbinde!**

**1.** die Könige (Selbstlaute) A/a, E/e, I/i, O/o, U/u kennenlernen; Wörter mit denselben Anlauten verbinden

**2.** 🖊 Male die Felder mit den Königen **a** und **o** an!

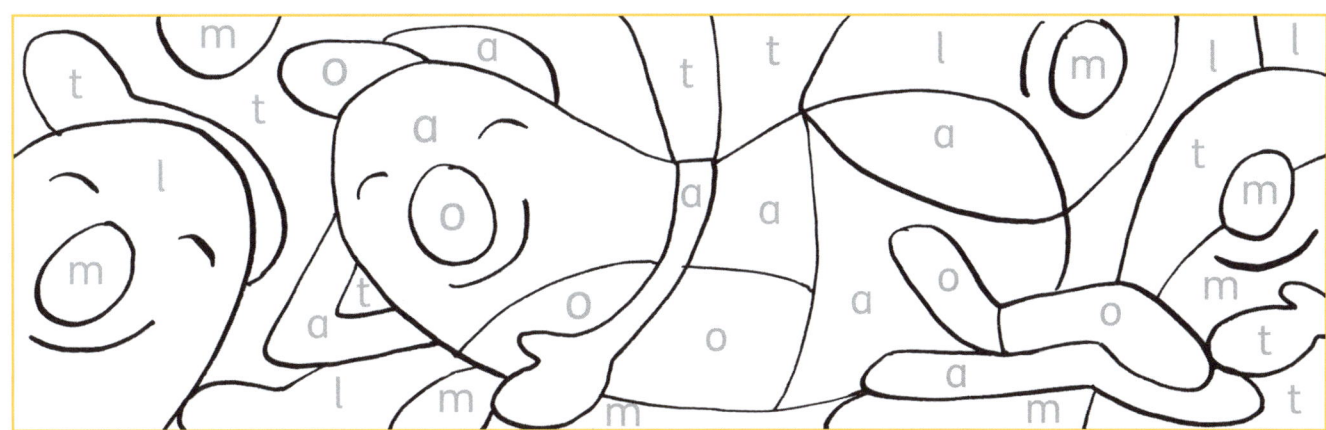

**3.** 🖊 Male die Felder mit den Königen **e** und **i** an!

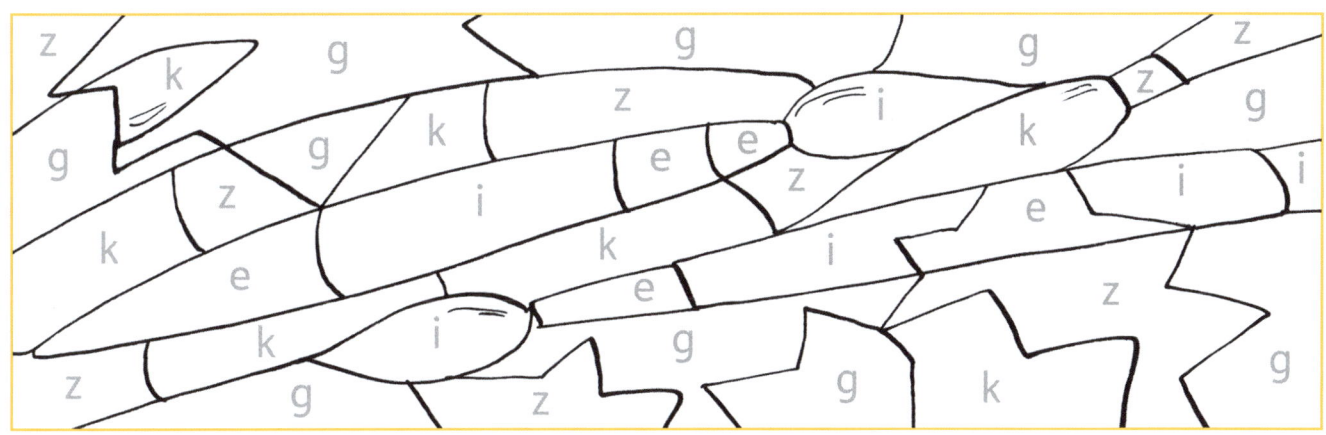

**4.** 🖊 Male die Felder mit dem König **u** an!

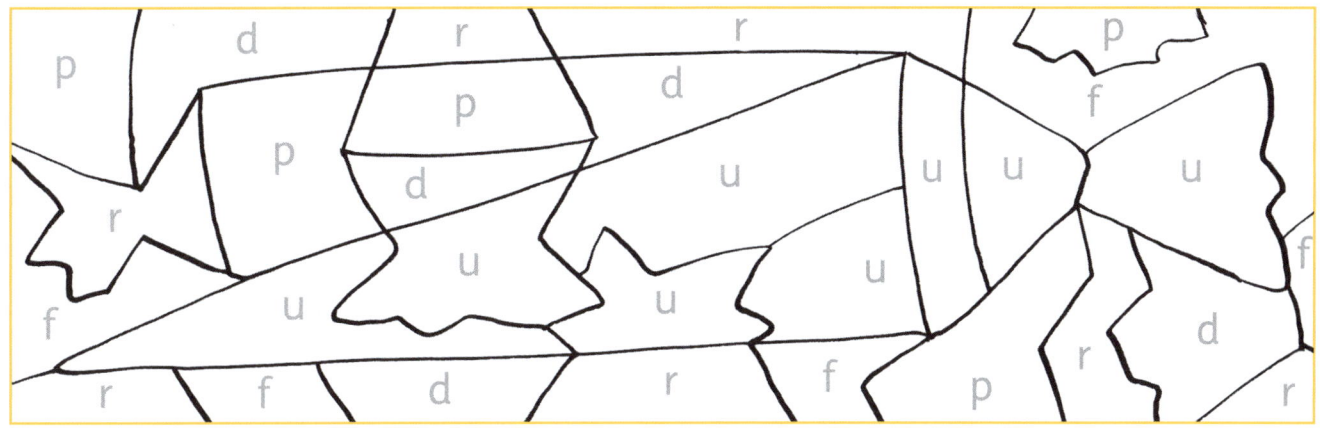

Wörter bestehen aus Silben.

**1.** Schwinge und zeichne Silbenbögen!

1. Silben kennenlernen; schwingen und Silbenbögen zeichnen

**2.** ✎ x✎ **Welches Wort hat mehr Silben?**
**Schwinge und zeichne Silbenbögen! Kreuze an!**

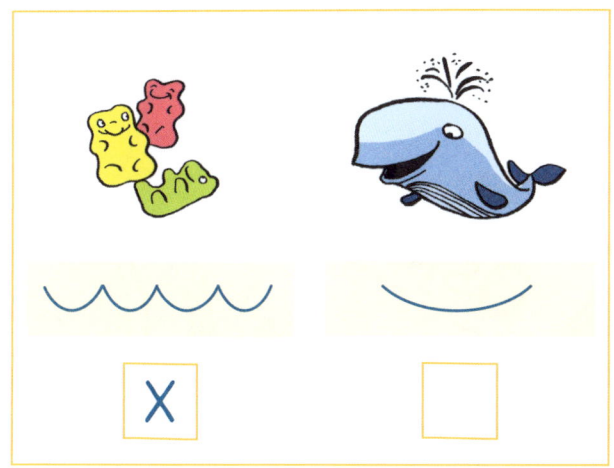

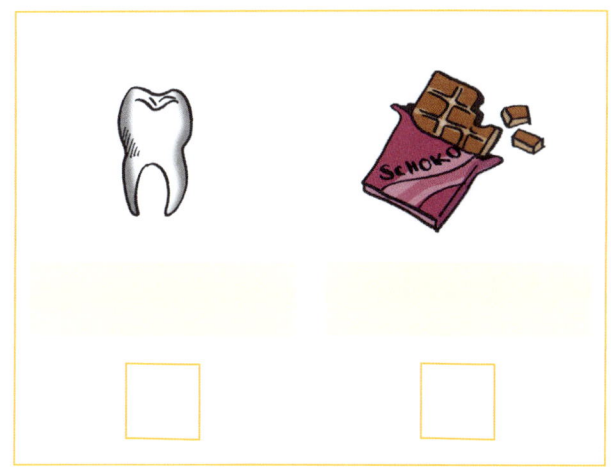

**2.** schwingen und Silbenbögen zeichnen, das Wort mit den meisten Silben ankreuzen; zusätzliche Übungen zur Silbe finden Sie als Kopiervorlagen im Lehrerband

11

Jede Silbe hat einen König.

1.  👑 Markiere die Könige!

| a | e | i | o | u |

 Schal

 Mond

 Pudel

 Kamel

 Delfin

 Pilot

1. den König (Selbstlaut) in jeder Silbe markieren

**2.** 🖊 👑 **Markiere die Könige!** | a | e | i | o | u |

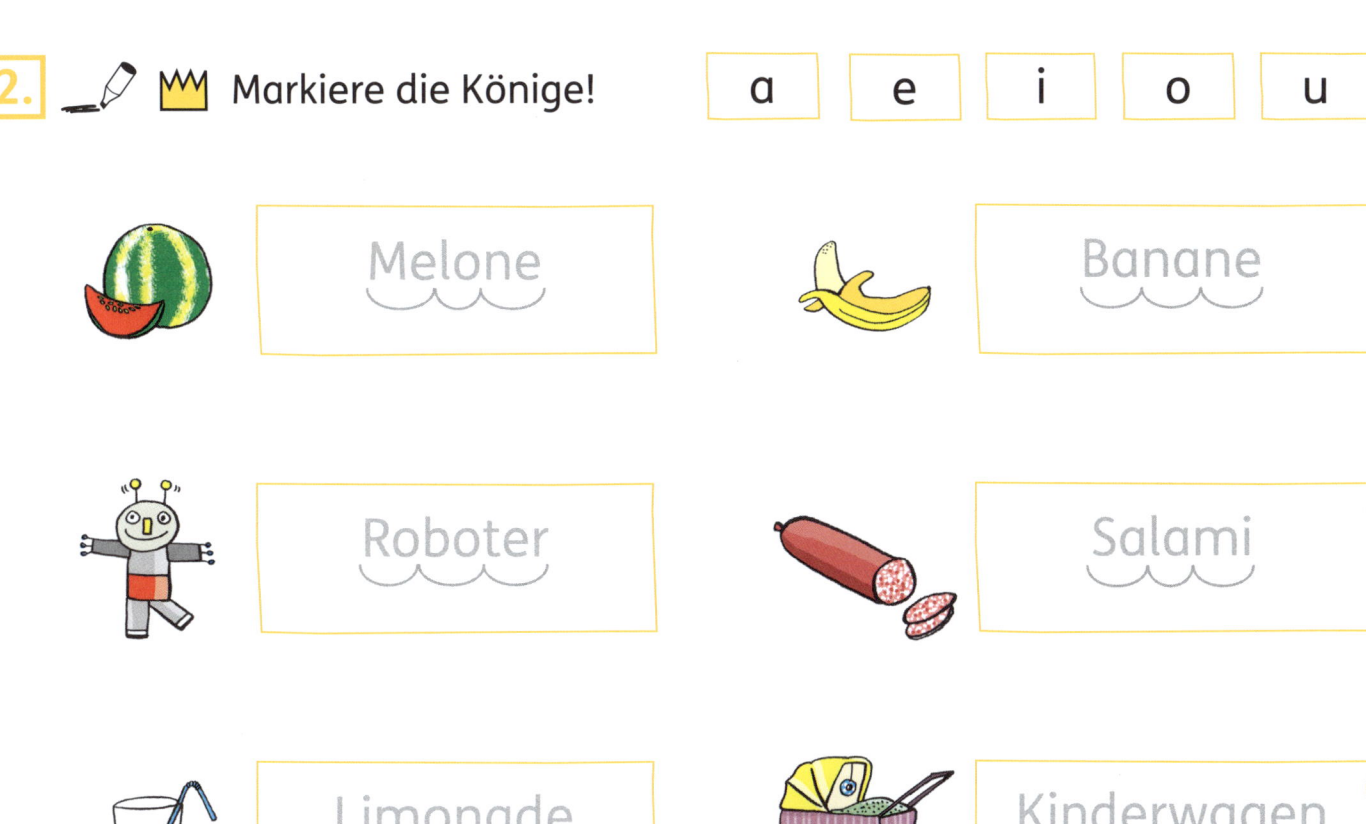

Melone

Banane

Roboter

Salami

Limonade

Kinderwagen

**3.** 🖊 👑 **Markiere die Könige!**

Bus

Schule

Hallo Nikolas!

Rani!

So schreibst du Wörter mit der Schreibtabelle.

mit der Schreibtabelle verschriften: Wort abhören, Silben schwingen, Laut-Buchstaben-Zuordnung für jede Silbe, Wort aufschreiben

**1.**  Schreibe!

# A a

**1.** Spure **A** und **a** nach!

**2.** Schreibe!

A ............................................................................................ A

A ............................................................................................ A

a ............................................................................................ a

a ............................................................................................ a

A a ........................................................................................ A a

a A ........................................................................................ a A

**1.** A/a nachspuren  **2.** A/a in Lineatur schreiben

**3.** 👂 ✏️ Was klingt am Anfang gleich? Verbinde!

**4.** 👂 ✏️ In welchem Wort hörst du **a**? Male an!

a

**5.** 👂 ✏️ Wo klingt **A/a**? Schreibe!

A ☐    ☐ a

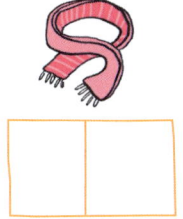  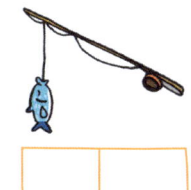  

☐☐ ☐☐ ☐☐ ☐☐ ☐☐ ☐☐

**A a**

**1.** ✎ Schwinge und zeichne Silbenbögen!

**2.** ‿ ✎ Schwinge und male an!

**3.** ‿ ✎ Schwinge und verbinde!

**1.** schwingen und Silbenbögen zeichnen  **2.** schwingen und zweisilbige Abhörbilder anmalen  **3.** schwingen und Abhörbilder mit den passenden Silbenbögen verbinden

**4.** 👂 ✏️ Höre und schreibe **A**!

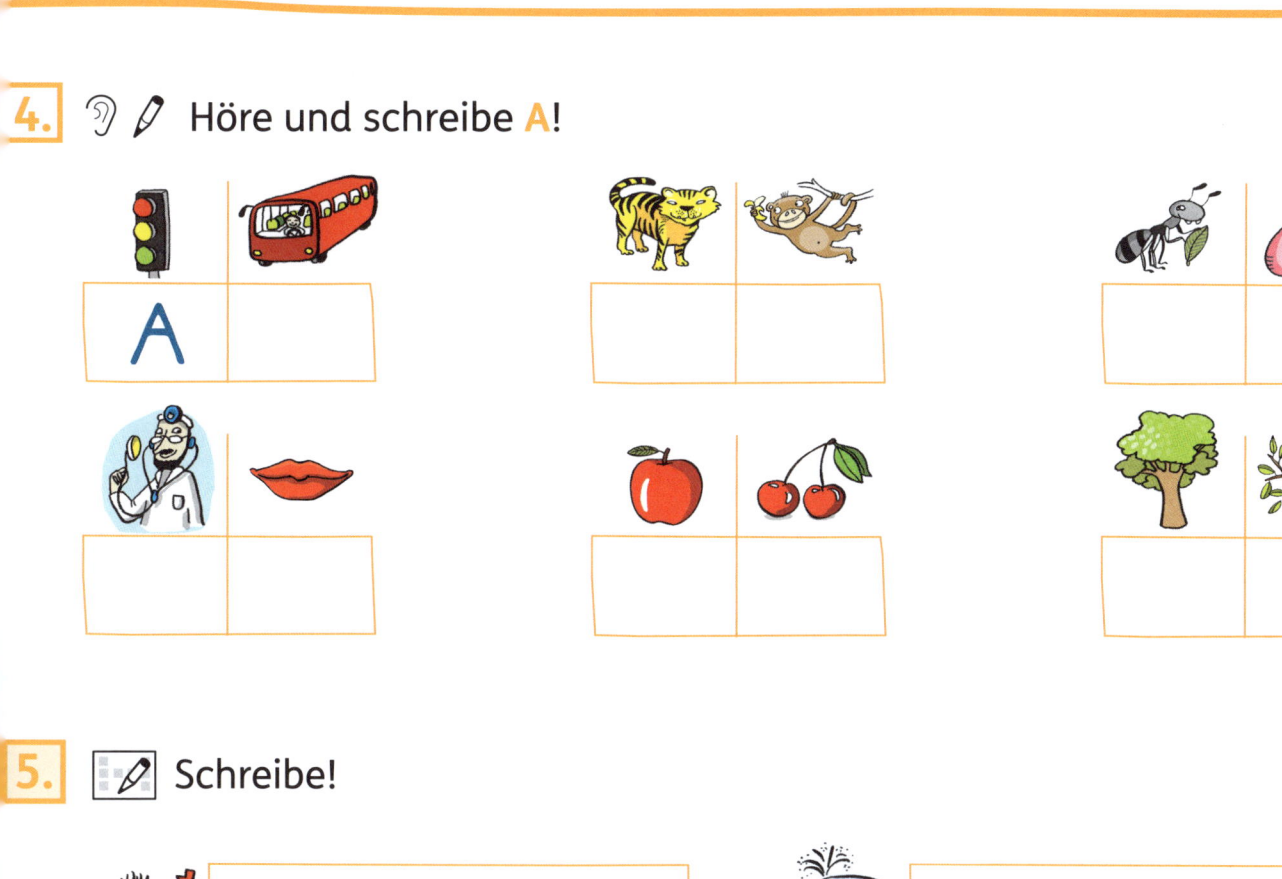

A

**5.** ✏️ Schreibe!

**6.** ✏️ ✏️ Schwinge und schreibe!

Tal

**7.** ✏️ 👑 Markiere bei Aufgabe **6.** die Könige!

Forderblock
S. 1/2

**4.** A abhören und schreiben **5.** Wörter mit der Schreibtabelle verschriften **6.** Silbenbögen zeichnen und Wörter mit der Schreibtabelle verschriften **7.** Könige markieren

19

# M m

**1.** 🖊️ 🖊️ Spure **M** und **m** nach!

**2.** 🖊️ 〰️ Schreibe und zeichne Silbenbögen!

**3.** ✏️ 👑 Markiere bei Aufgabe **2.** die Könige!

**20** Schülerbuch

Basisheft  S. 18–19 → S. 20–21 → S. 22–23

**1.** M/m nachspuren  **2.** M/m (und andere eingeführte Buchstaben) in Lineatur schreiben, Silbenbögen zeichnen  **3.** Könige markieren

**4.**  Was klingt am Anfang gleich? Verbinde!

**5.** In welchem Wort hörst du **m**? Male an!

**6.** Wo klingt **M/m**? Schreibe!

 M      m

# M m

**1.** 🖊 Schwinge und zeichne Silbenbögen!

**2.** ‿ 🖊 Schwinge und male an!

**3.** ‿ 🖊 Schwinge und verbinde!

1. schwingen und Silbenbögen zeichnen 2. schwingen und zweisilbige Abhörbilder anmalen 3. schwingen und Abhörbilder mit den passenden Silbenbögen verbinden

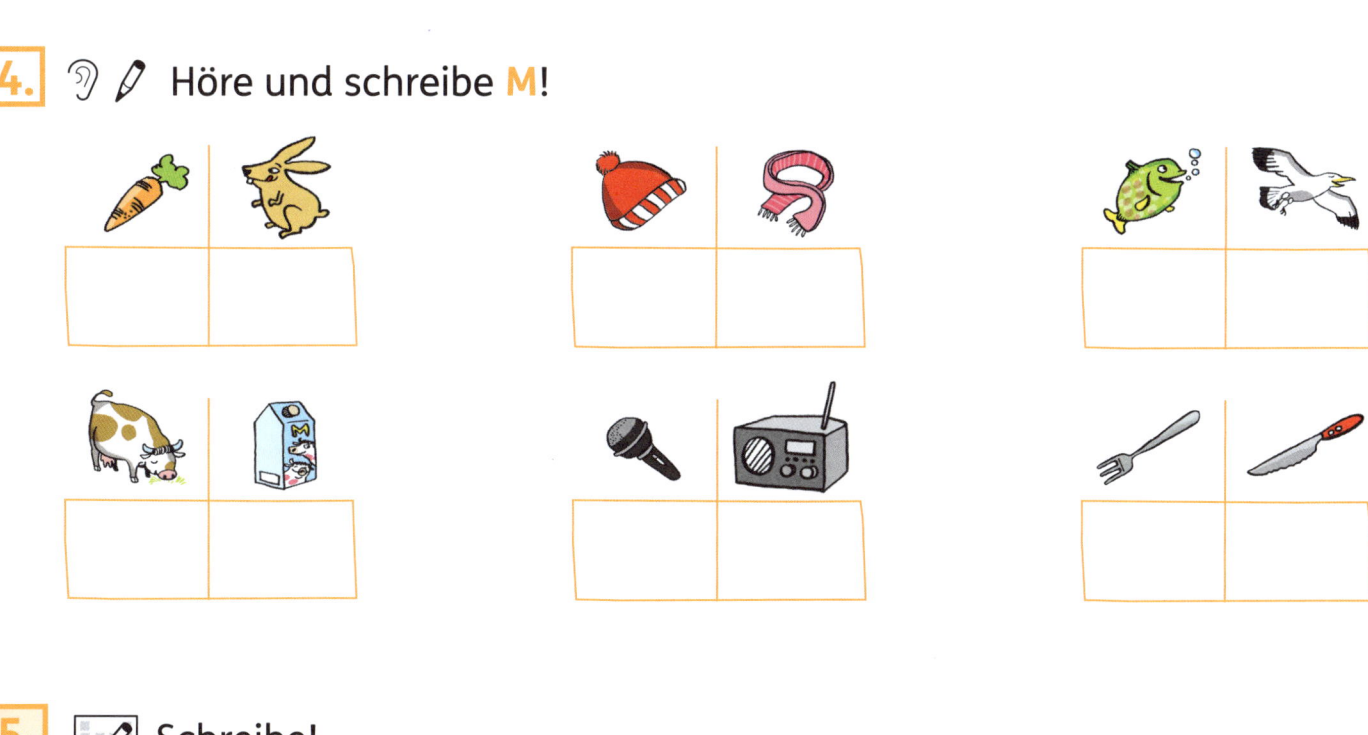

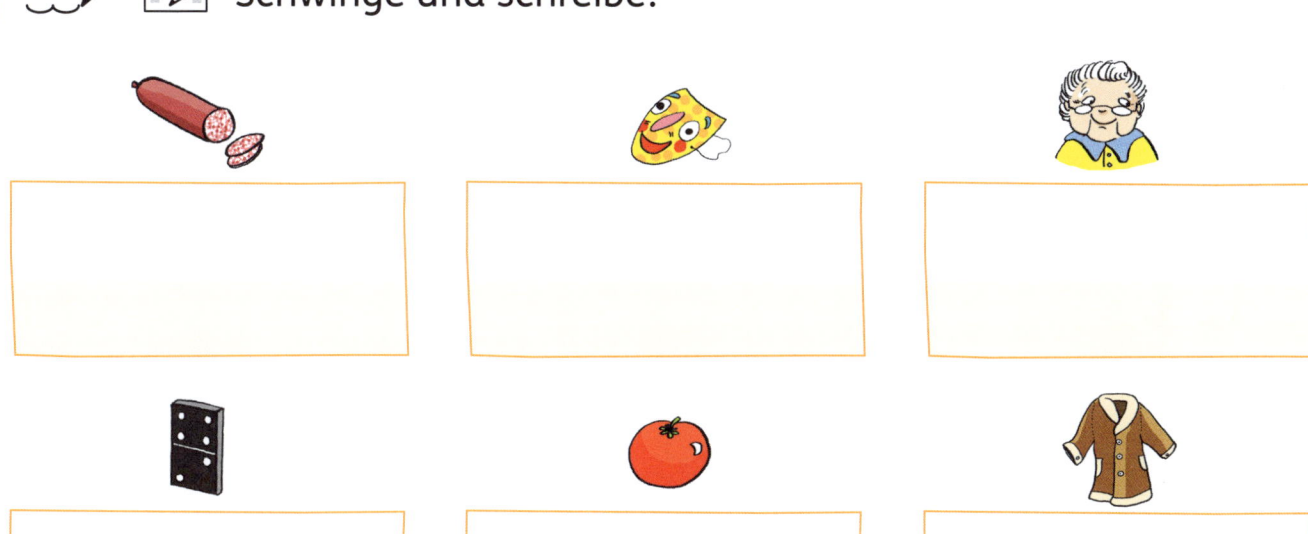

**4.** 👂 ✏️ Höre und schreibe **M**!

**5.** Schreibe!

**6.** Schwinge und schreibe!

**7.** ✏️ 👑 Markiere bei Aufgabe **6.** die Könige!

Forderblock
S. 3/4

**4.** M abhören und schreiben **5.** Wörter mit der Schreibtabelle verschriften **6.** Silbenbögen zeichnen und Wörter mit der Schreibtabelle verschriften **7.** Könige markieren

# L l

**1.** ✏️ ✏️ Spure **L** und **l** nach!

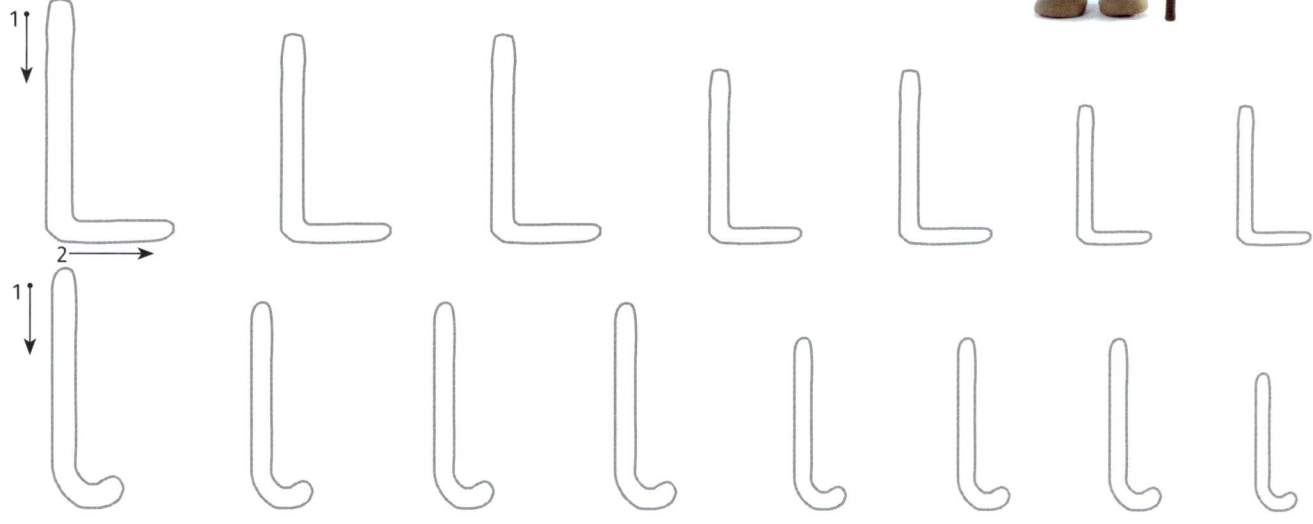

**2.** ✏️ ✏️ Schreibe und zeichne Silbenbögen!

L

l

L l

Lama

All

**3.** ✏️ 👑 Markiere bei Aufgabe **2.** die Könige!

**1.** L/l nachspuren **2.** L/l (und andere eingeführte Buchstaben) in Lineatur schreiben, Silbenbögen zeichnen **3.** Könige markieren

**4.**  Was klingt am Anfang gleich? Verbinde!

**5.** In welchem Wort hörst du **l**? Male an!

**6.**  Wo klingt **L/l**? Schreibe!

**1.** ✎ Schwinge und zeichne Silbenbögen!

**2.** ⌣ ✎ Schwinge und male an!

**3.** ⌣ ✎ Schwinge und verbinde!

1. schwingen und Silbenbögen zeichnen   2. schwingen und zweisilbige Abhörbilder anmalen   3. schwingen und Abhörbilder mit den passenden Silbenbögen verbinden

**4.** 👂 ✏️ Höre und schreibe **L**!

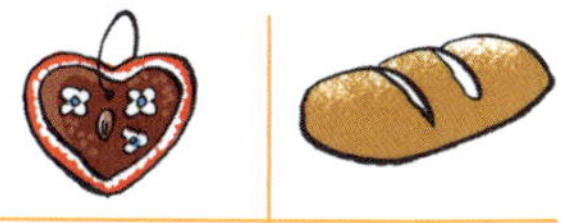

**5.** ✏️ Schreibe!

**6.** ✏️ ✏️ Schwinge und schreibe!

**7.** ✏️ 👑 Markiere bei Aufgabe **6.** die Könige!

Forderblock
S. 5/6

**4.**  L abhören und schreiben  **5.**  Wörter mit der Schreibtabelle verschriften  **6.**  Silbenbögen zeichnen und Wörter mit der Schreibtabelle verschriften  **7.** Könige markieren

27

 **E e**

**1.** Spure **E** und **e** nach!

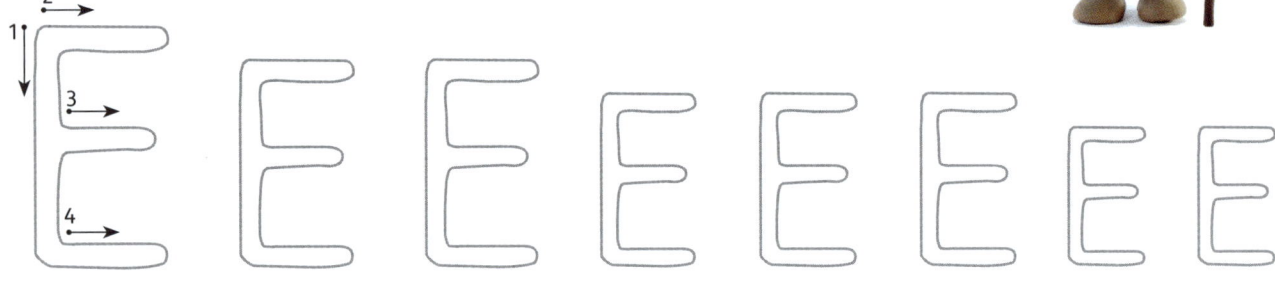

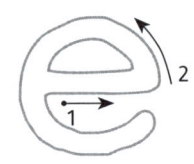      

**2.** Schreibe und zeichne Silbenbögen!

E      E

e      e

Ee      Ee

Emma      Emma

alle      alle

**3.** 👑 Markiere bei Aufgabe **2.** die Könige!

**1.** E/e nachspuren   **2.** E/e (und andere eingeführte Buchstaben) in Lineatur schreiben, Silbenbögen zeichnen   **3.** Könige markieren

**4.** 👂 ✏️ Was klingt am Anfang gleich? Verbinde!

**5.** 👂 ✏️ In welchem Wort hörst du **e**? Male an!

**6.** 👂 ✏️ Wo klingt **E/e**? Schreibe!

 E ▢ ▢ e

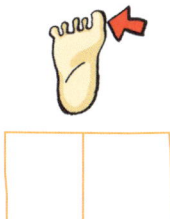     

▢▢  ▢▢  ▢▢  ▢▢  ▢▢  ▢▢

**1.** ✏️ Schwinge und zeichne Silbenbögen!

**2.** ‿ ✏️ Schwinge und male an!

**3.** ‿ ✏️ Schwinge und verbinde!

**30** Schülerbuch

Basisheft  S. 28–29 ➡ S. 30–31 ➡ S. 8–9

1. schwingen und Silbenbögen zeichnen  2. schwingen und zweisilbige Abhörbilder anmalen  3. schwingen und Abhörbilder mit den passenden Silbenbögen verbinden

**4.** 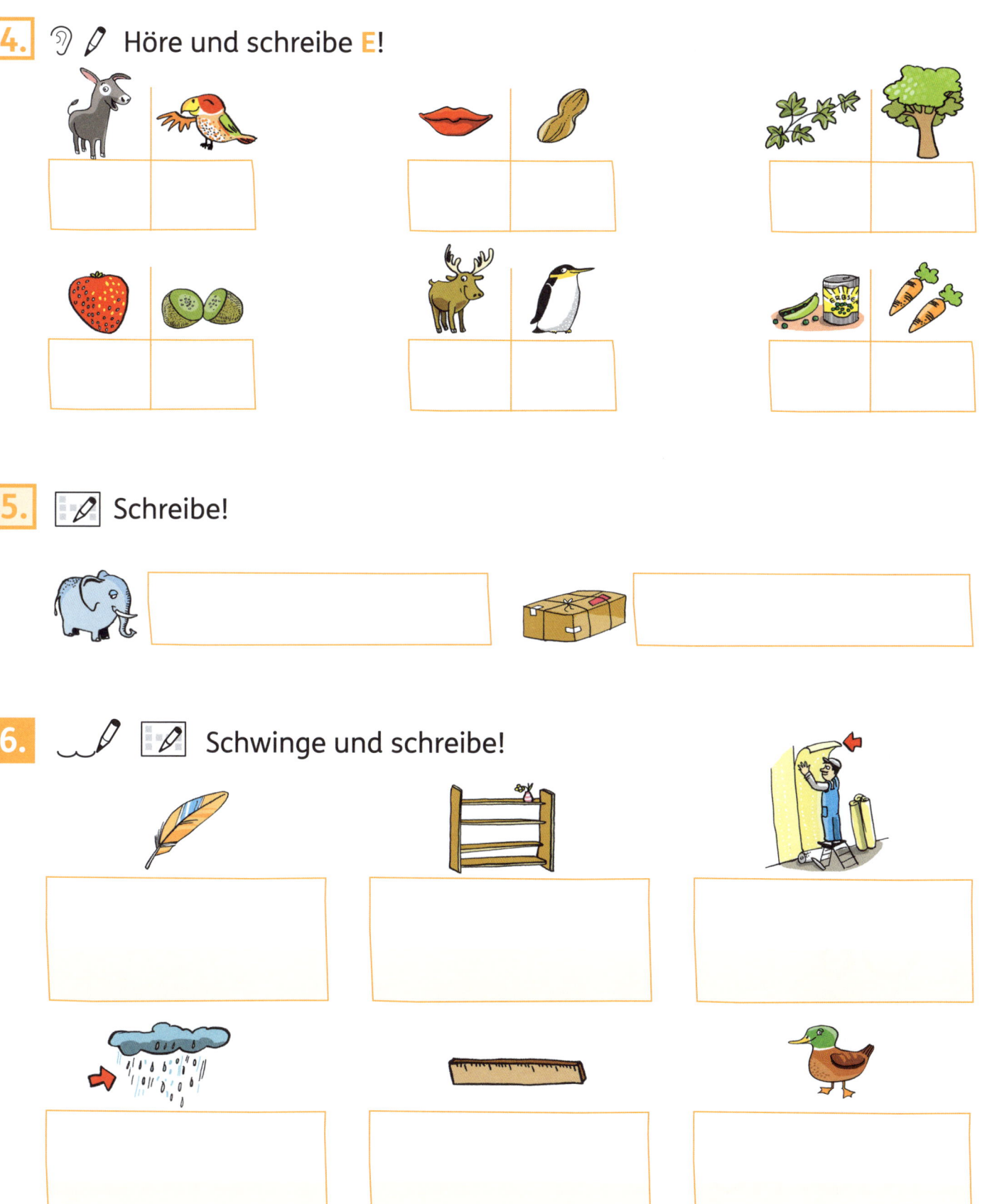 Höre und schreibe **E**!

**5.** Schreibe!

**6.** Schwinge und schreibe!

**7.** Markiere bei Aufgabe **6.** die Könige!

Forderblock
S. 7/8

**4.** E abhören und schreiben  **5.** Wörter mit der Schreibtabelle verschriften  **6.** Silbenbögen zeichnen und Wörter mit der Schreibtabelle verschriften  **7.** Könige markieren

**O o**

**1.** ✏️✏️ Spure **O** und **o** nach!

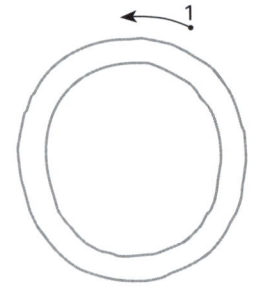 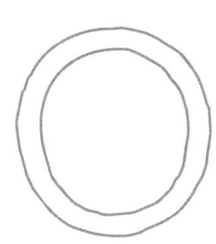 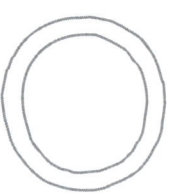 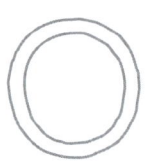  

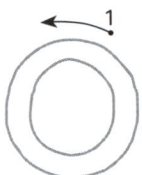       

**2.** ✏️ ✏️ Schreibe und zeichne Silbenbögen!

**3.** 🖊️ 👑 Markiere bei Aufgabe **2.** die Könige!

**1.** O/o nachspuren **2.** O/o (und andere eingeführte Buchstaben) in Lineatur schreiben, Silbenbögen zeichnen **3.** Könige markieren

**4.**  Was klingt am Anfang gleich? Verbinde!

 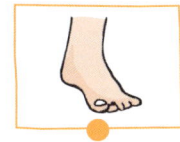 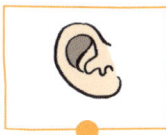  

**5.** In welchem Wort hörst du **o**? Male an!

**6.** Wo klingt **O/o**? Schreibe!

**1.** Schwinge und zeichne Silbenbögen!

**2.** ⌣ ✏ Schwinge und male an!

**3.** ⌣ ✏ Schwinge und verbinde!

**1.** schwingen und Silbenbögen zeichnen **2.** schwingen und zweisilbige Abhörbilder anmalen **3.** schwingen und Abhörbilder mit den passenden Silbenbögen verbinden

## 4. 👂🖊 Höre und schreibe O!

## 5. 📝 Schreibe!

## 6. ✍ 📝 Schwinge und schreibe!

## 7. 🖊 👑 Markiere bei Aufgabe 6. die Könige!

Forderblock
S. 9/10

4. O abhören und schreiben  5. Wörter mit der Schreibtabelle verschriften  6. Silbenbögen zeichnen und Wörter mit
der Schreibtabelle verschriften  7. Könige markieren

**1.**  Lies und verbinde!

Me

Mo

El

Am

Lam

**2.** Lies mit Silbenbögen! Verbinde!

**Mama**   **Lama**   **Oma**   **Ole**   **Lea**

1. Anfangssilben aus bekannten Buchstaben erlesen und mit dem passenden Bild verbinden  2. Wörter aus bekannten Buchstaben mit Silbenbögen erlesen und mit dem passenden Bild verbinden

# Das habe ich gelernt

**1.** ✏️ ∿✏️ Schreibe und zeichne Silbenbögen!

Ole

Lama

**2.** ✏️ 👑 Markiere bei Aufgabe **1.** die Könige!

**3.** 👂 ✏️ Was klingt am Anfang gleich? Verbinde!

**4.** 📝 Schreibe!

Das war:

**1.** schreiben und Silbenbögen zeichnen **2.** Könige markieren **3.** abhören und verbinden **4.** Wörter mit der Schreibtabelle verschriften; zur Selbsteinschätzung kreuzen die SchülerInnen einen für sie passenden Smiley an

37

 **I i**

**1.** ✏️✏️ Spure **I** und **i** nach!

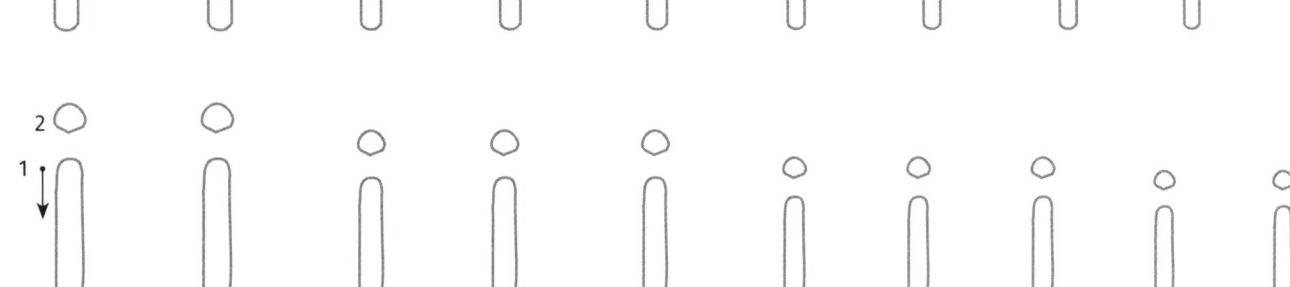

**2.** ✏️✏️ Schreibe und zeichne Silbenbögen!

I

i

I i

im

Limo

**3.** ✏️ 👑 Markiere bei Aufgabe **2.** die Könige!

**1.** I/i nachspuren  **2.** I/i (und andere eingeführte Buchstaben) in Lineatur
schreiben, Silbenbögen zeichnen  **3.** Könige markieren

**4.**  Was klingt am Anfang gleich? Verbinde!

**5.** In welchem Wort hörst du **i**? Male an!

**6.** Wo klingt **I/i**? Schreibe!

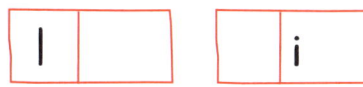

**1.**  Schwinge und zeichne Silbenbögen!

**2.** Schwinge und male an!

**3.** Schwinge und verbinde!

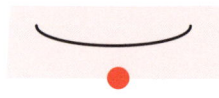 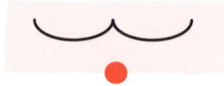 

 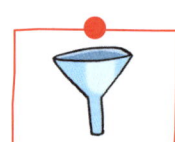  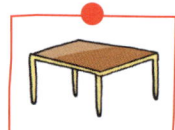  

1. schwingen und Silbenbögen zeichnen 2. schwingen und zweisilbige Abhörbilder anmalen 3. schwingen und Abhörbilder mit den passenden Silbenbögen verbinden

**4.** 👂 ✏️ Höre und schreibe I!

**5.** ✏️ Schreibe!

**6.** ✏️ ✏️ Schwinge und schreibe!

**7.** ✏️ 👑 Markiere bei Aufgabe **6.** die Könige!

Forderblock
S. 11/12

**4.** I abhören und schreiben  **5.** Wörter mit der Schreibtabelle verschriften  **6.** Silbenbögen zeichnen und Wörter mit
der Schreibtabelle verschriften  **7.** Könige markieren

# N n

**1.** ✏️✏️ Spure **N** und **n** nach!

N N N N N N

n n n n n n n

**2.** ✏️ Schreibe und zeichne Silbenbögen!

N

n

N n

Lin

Nina

**3.** ✏️ 👑 Markiere bei Aufgabe **2.** die Könige!

**1.** N/n nachspuren  **2.** N/n (und andere eingeführte Buchstaben) in Lineatur schreiben, Silbenbögen zeichnen  **3.** Könige markieren

**4.**  Was klingt am Anfang gleich? Verbinde!

**5.** In welchem Wort hörst du **n**? Male an!

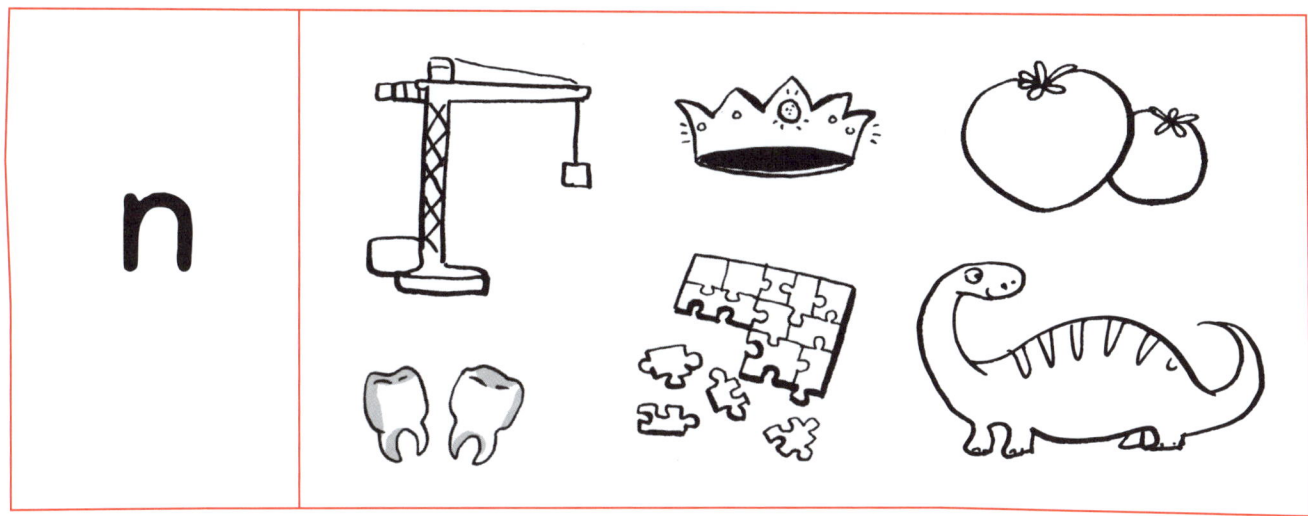

**6.** Wo klingt **N/n**? Schreibe!

 N  n

**1.** ✏ Schwinge und zeichne Silbenbögen!

**2.** ‿ ✏ Schwinge und male an!

**3.** ‿ ✏ Schwinge und verbinde!

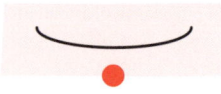  

  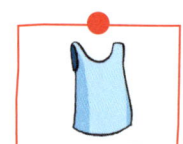   

S. 22–23
S. 42–43 ➜ S. 44–45

**1.** schwingen und Silbenbögen zeichnen  **2.** schwingen und zweisilbige Abhörbilder anmalen  **3.** schwingen und Abhörbilder mit den passenden Silbenbögen verbinden

**4.** 👂 ✏ Höre und schreibe **N**!

**5.** ✏ Schreibe!

**6.** ✏ Schwinge und schreibe!

**7.** ✏ 👑 Markiere bei Aufgabe **6.** die Könige!

Forderblock
S. 13/14

**4.** N abhören und schreiben  Wörter mit der Schreibtabelle verschriften **6.** Silbenbögen zeichnen und Wörter mit der Schreibtabelle verschriften **7.** Könige markieren

# S s

**1.**  Spure **S** und **s** nach!

**2.** ✏️ Schreibe und zeichne Silbenbögen!

**3.** ✏️ 👑 Markiere bei Aufgabe **2.** die Könige!

**1.** S/s nachspuren   **2.** S/s (und andere eingeführte Buchstaben) in Lineatur schreiben, Silbenbögen zeichnen   **3.** Könige markieren

**4.**  Was klingt am Anfang gleich? Verbinde!

**5.** In welchem Wort hörst du **s**? Male an!

**6.** Wo klingt **S/s**? Schreibe!

**1.** ✏️ Schwinge und zeichne Silbenbögen!

**2.** ‿ ✏️ Schwinge und male an!

**3.** ‿ ✏️ Schwinge und verbinde!

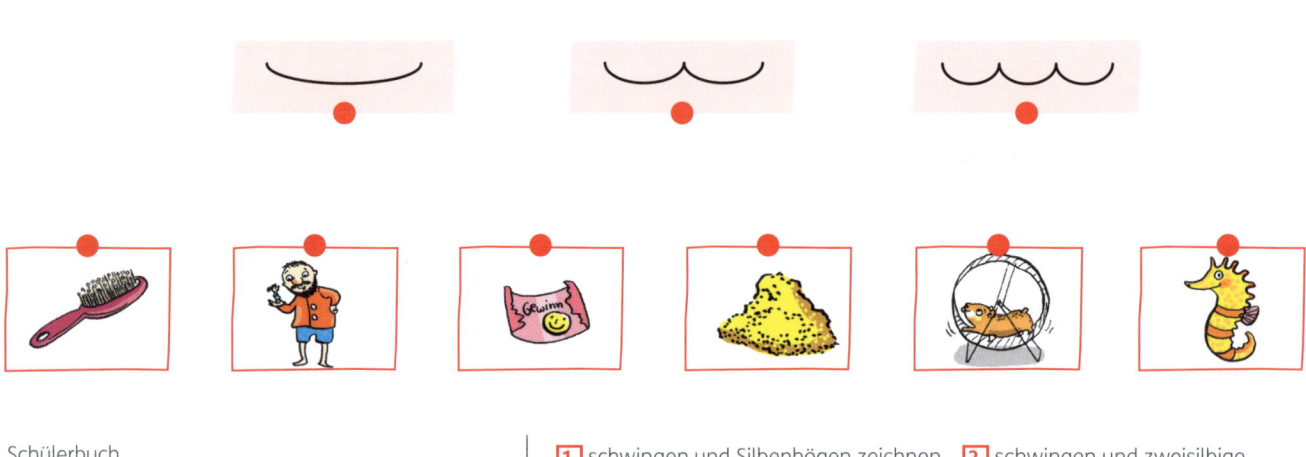

1. schwingen und Silbenbögen zeichnen   2. schwingen und zweisilbige Abhörbilder anmalen   3. schwingen und Abhörbilder mit den passenden Silbenbögen verbinden

## 4. 👂 ✏️ Höre und schreibe S!

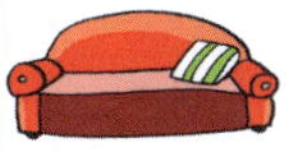

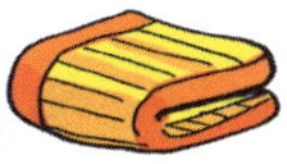

## 5. ✏️ Schreibe!

## 6. ✏️ ✏️ Schwinge und schreibe!

## 7. ✏️ 👑 Markiere bei Aufgabe 6. die Könige!

Forderblock
S. 15/16

4. S abhören und schreiben  5. Wörter mit der Schreibtabelle verschriften  6. Silbenbögen zeichnen und Wörter mit der Schreibtabelle verschriften  7. Könige markieren

49

# T t

**1.**  Spure **T** und **t** nach!

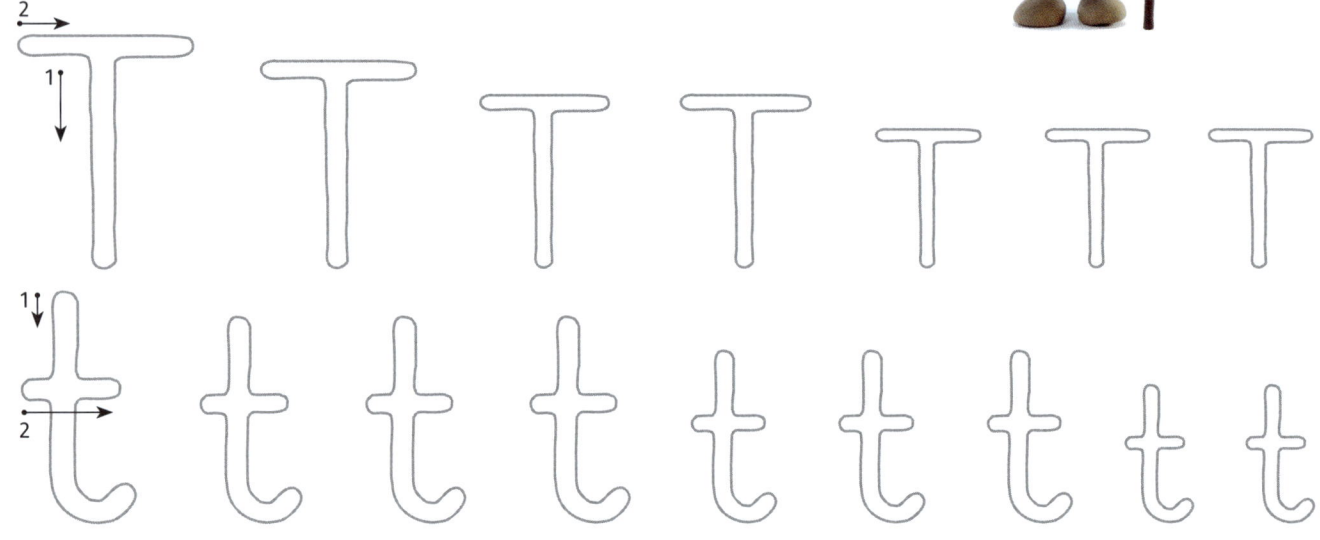

**2.** ✏ Schreibe und zeichne Silbenbögen!

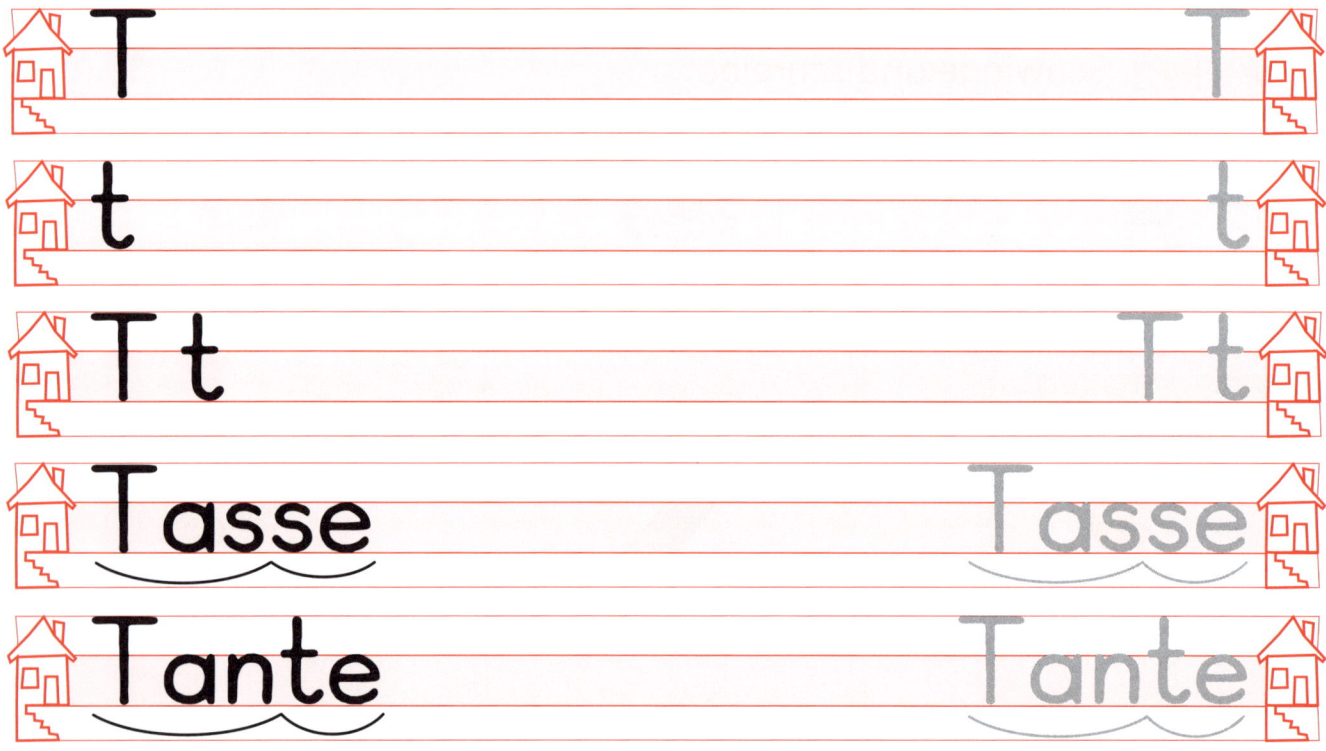

**3.** ✏ 👑 Markiere bei Aufgabe **2.** die Könige!

**1.** T/t nachspuren  **2.** T/t (und andere eingeführte Buchstaben) in Lineatur schreiben, Silbenbögen zeichnen  **3.** Könige markieren

**4.**  Was klingt am Anfang gleich? Verbinde!

   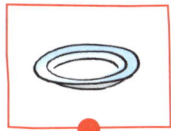 

**5.** In welchem Wort hörst du **t**? Male an!

t

**6.** Wo klingt **T/t**? Schreibe!

 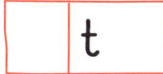

| T | | | t |
|---|---|---|---|

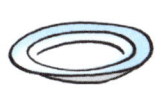     

**1.** ✏️ Schwinge und zeichne Silbenbögen!

**2.** ‿ ✏️ Schwinge und male an!

**3.** ‿ ✏️ Schwinge und verbinde!

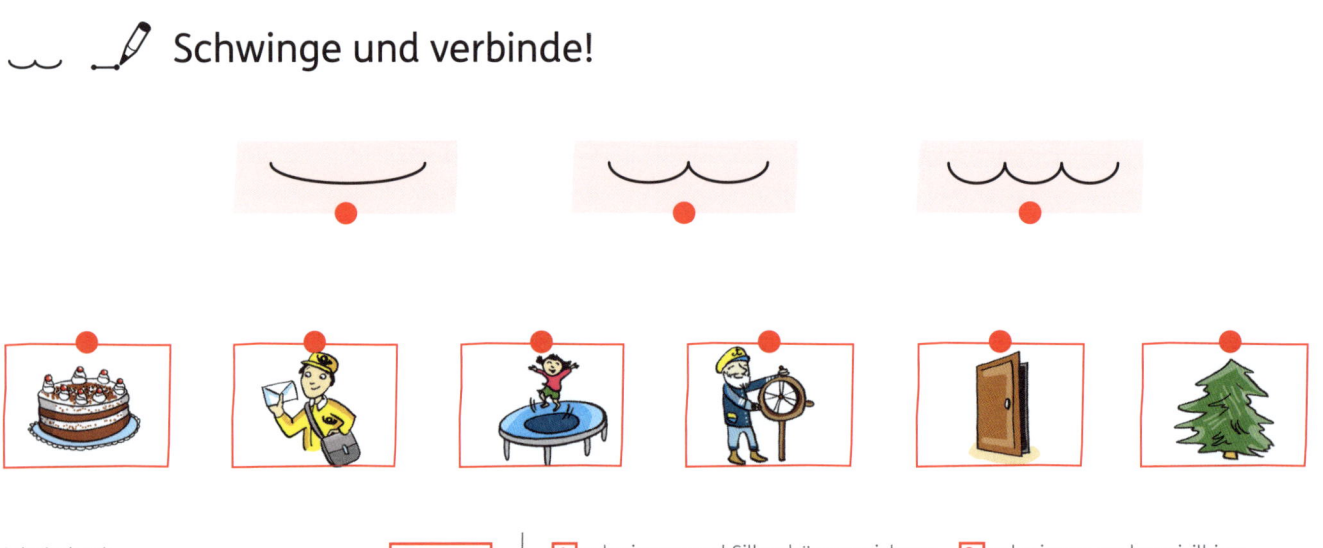

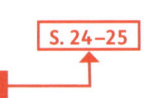

**1.** schwingen und Silbenbögen zeichnen **2.** schwingen und zweisilbige Abhörbilder anmalen **3.** schwingen und Abhörbilder mit den passenden Silbenbögen verbinden

**4.** 👂✏️ Höre und schreibe **T**!

**5.** ✏️ Schreibe!

**6.** ✏️ Schwinge und schreibe!

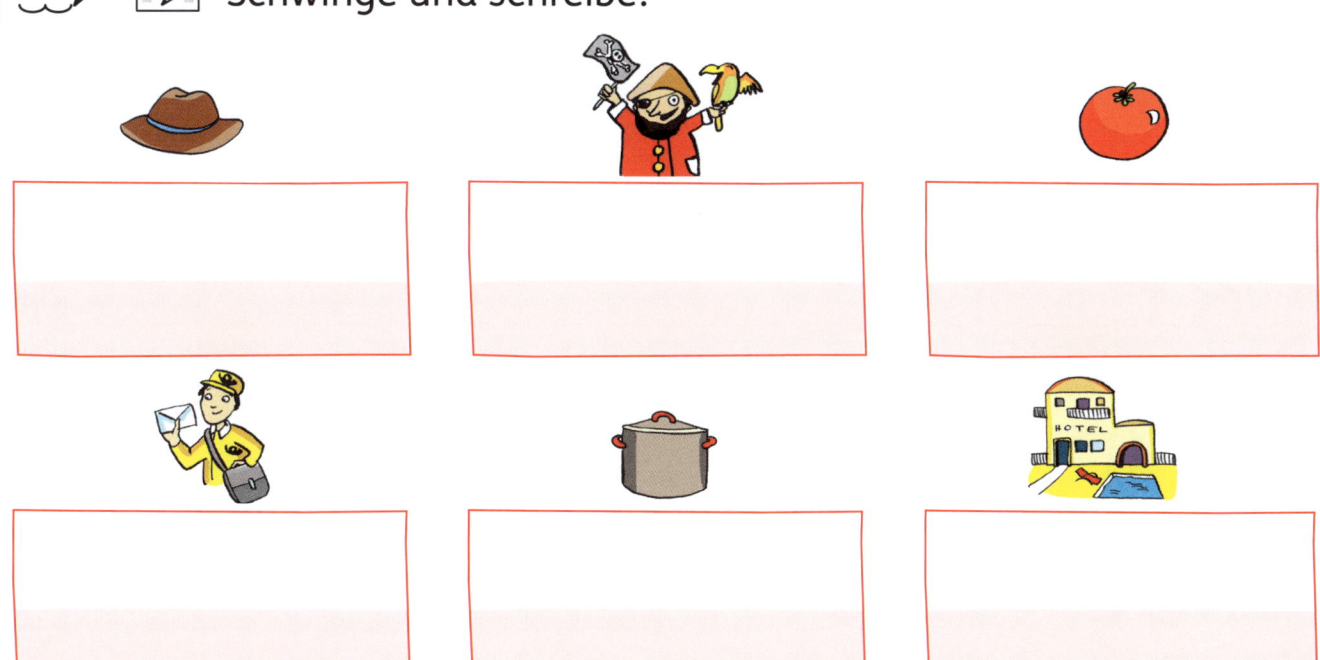

**7.** ✏️👑 Markiere bei Aufgabe **6.** die Könige!

Forderblock
S. 17/18

**4.** T abhören und schreiben **5.** Wörter mit der Schreibtabelle verschriften **6.** Silbenbögen zeichnen und Wörter mit der Schreibtabelle verschriften **7.** Könige markieren

53

# R r

**1.** ✎ ✎ Spure **R** und **r** nach!

**2.** ✎ ◡ Schreibe und zeichne Silbenbögen!

R

r

R r

Rani

rot

**3.** ✎ 👑 Markiere bei Aufgabe **2.** die Könige!

**1.** R/r nachspuren **2.** R/r (und andere eingeführte Buchstaben) in Lineatur schreiben, Silbenbögen zeichnen **3.** Könige markieren

**4.**  Was klingt am Anfang gleich? Verbinde!

**5.**  In welchem Wort hörst du **r**? Male an!

**6.**  Wo klingt **R/r**? Schreibe!

| R | | | r |
|---|---|---|---|

# R r

**1.** ✏ Schwinge und zeichne Silbenbögen!

**2.** ‿ ✏ Schwinge und male an!

**3.** ‿ ✏ Schwinge und verbinde!

Basisheft  S. 54–55 → S. 56–57    S. 28–29

1. schwingen und Silbenbögen zeichnen  2. schwingen und zweisilbige
Abhörbilder anmalen  3. schwingen und Abhörbilder mit den passenden
Silbenbögen verbinden

**4.** 👂 ✏️ Höre und schreibe **R**!

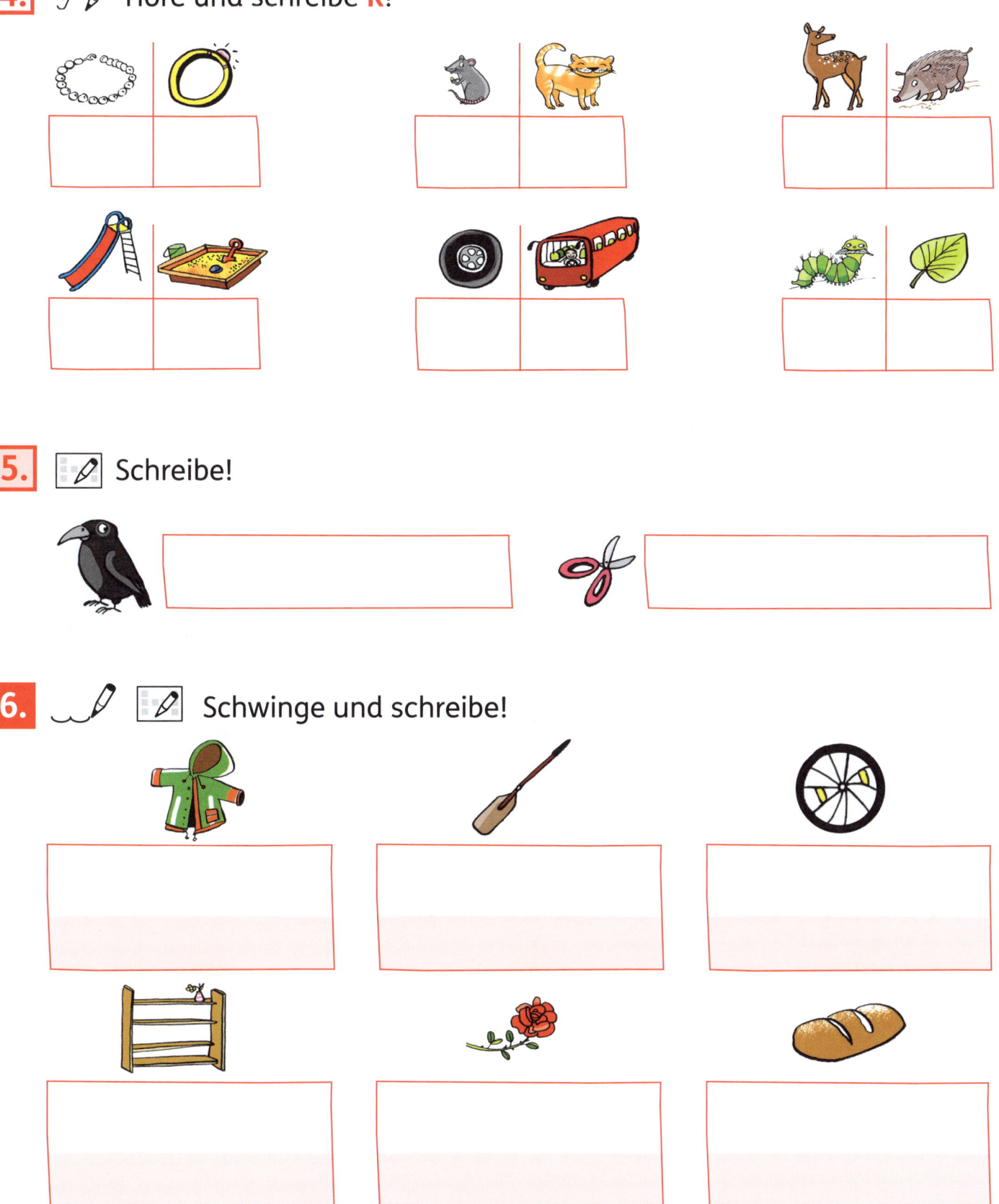

**5.** Schreibe!

**6.** Schwinge und schreibe!

**7.** 👑 Markiere bei Aufgabe **6.** die Könige!

Forderblock S. 19/20

**4.** R abhören und schreiben **5.** Wörter mit der Schreibtabelle verschriften **6.** Silbenbögen zeichnen und Wörter mit der Schreibtabelle verschriften **7.** Könige markieren

# Das kann ich schon lesen

**1.**  Lies und verbinde!

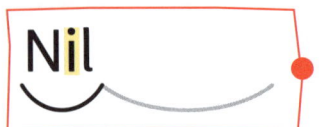 Na

Nil

Ro

Ta

In

La

**2.** Lies mit Silbenbögen! Verbinde!

**Insel**　　**Rose**　　**Salat**　　**Tomate**　　**Tor**

**1.** Anfangssilben aus bekannten Buchstaben erlesen und mit dem passenden Bild verbinden **2.** Wörter aus bekannten Buchstaben mit Silbenbögen erlesen und mit dem passenden Bild verbinden

# Das habe ich gelernt

**1.** ✏️ Schreibe und zeichne Silbenbögen!

Rasen

Tinte

**2.** ✏️ 👑 Markiere bei Aufgabe **1.** die Könige!

**3.** 👂 ✏️ Was klingt am Anfang gleich? Verbinde!

**4.** ✏️ Schreibe!

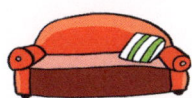 

Das war:     ☐ ☐ ☐ ☐

**1.** schreiben und Silbenbögen zeichnen **2.** Könige markieren **3.** abhören und verbinden **4.** Wörtern mit der Schreibtabelle verschriften; zur Selbsteinschätzung kreuzen die SchülerInnen einen für sie passenden Smiley an

59

**U u**

**1.** 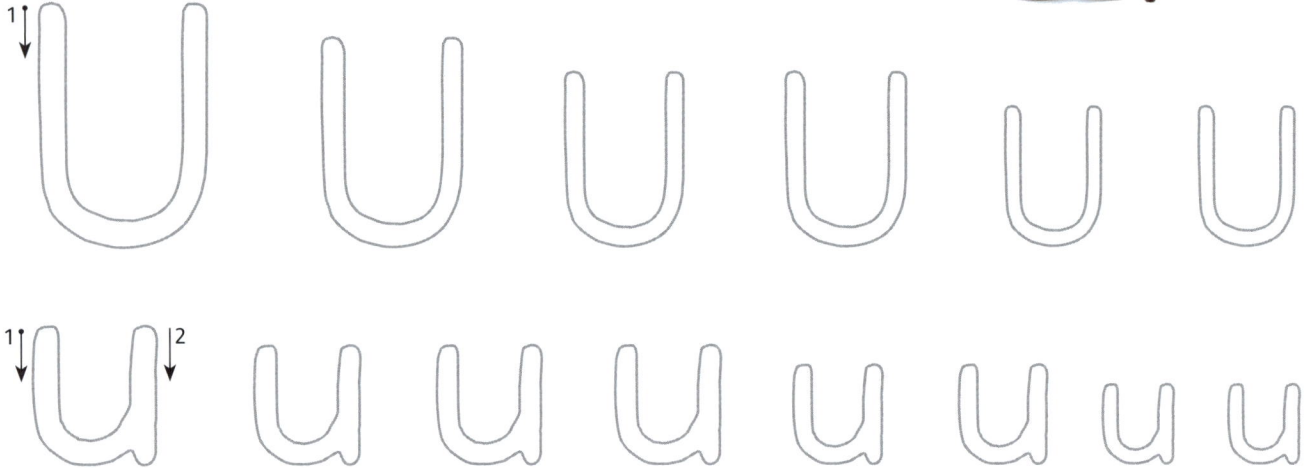 Spure **U** und **u** nach!

**2.** Schreibe und zeichne Silbenbögen!

**3.** 👑 Markiere bei Aufgabe **2.** die Könige!

**60** Schülerbuch S. 34–35
Basisheft → S. 60–61 → S. 62–63

1. U/u nachspuren 2. U/u (und andere eingeführte Buchstaben) in Lineatur schreiben, Silbenbögen zeichnen 3. Könige markieren

**4.**  Was klingt am Anfang gleich? Verbinde!

**5.** In welchem Wort hörst du **u**? Male an!

**6.**  Wo klingt **U/u**? Schreibe!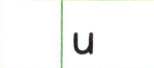

 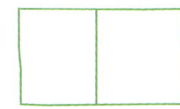   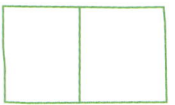

**1.**  Schwinge und zeichne Silbenbögen!

**2.** Schwinge und male an!

**3.** Schwinge und verbinde!

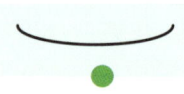  

 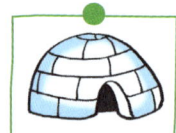    

1. schwingen und Silbenbögen zeichnen  2. schwingen und zweisilbige Abhörbilder anmalen  3. schwingen und Abhörbilder mit den passenden Silbenbögen verbinden

**4.** 👂 ✏️ Höre und schreibe **U**!

**5.** ✏️ Schreibe!

**6.** 〰️✏️ ✏️ Schwinge und schreibe!

**7.** ✏️ 👑 Markiere bei Aufgabe **6.** die Könige!

Forderblock
S. 21/22

**4.** U abhören und schreiben **5.** Wörter mit der Schreibtabelle verschriften **6.** Silbenbögen zeichnen und Wörter mit der Schreibtabelle verschriften **7.** Könige markieren

63

# B b

**1.** ✏️ Spure **B** und **b** nach!

**2.** ✏️ Schreibe und zeichne Silbenbögen!

**3.** ✏️ 👑 Markiere bei Aufgabe **2.** die Könige!

Basisheft   S. 62–63 ➔ S. 64–65 ➔ S. 66–67

**1.** B/b nachspuren   **2.** B/b (und andere eingeführte Buchstaben) in Lineatur schreiben, Silbenbögen zeichnen   **3.** Könige markieren

**4.** 👂 ✏️ Was klingt am Anfang gleich? Verbinde!

**5.** 👂 ✏️ In welchem Wort hörst du **b**? Male an!

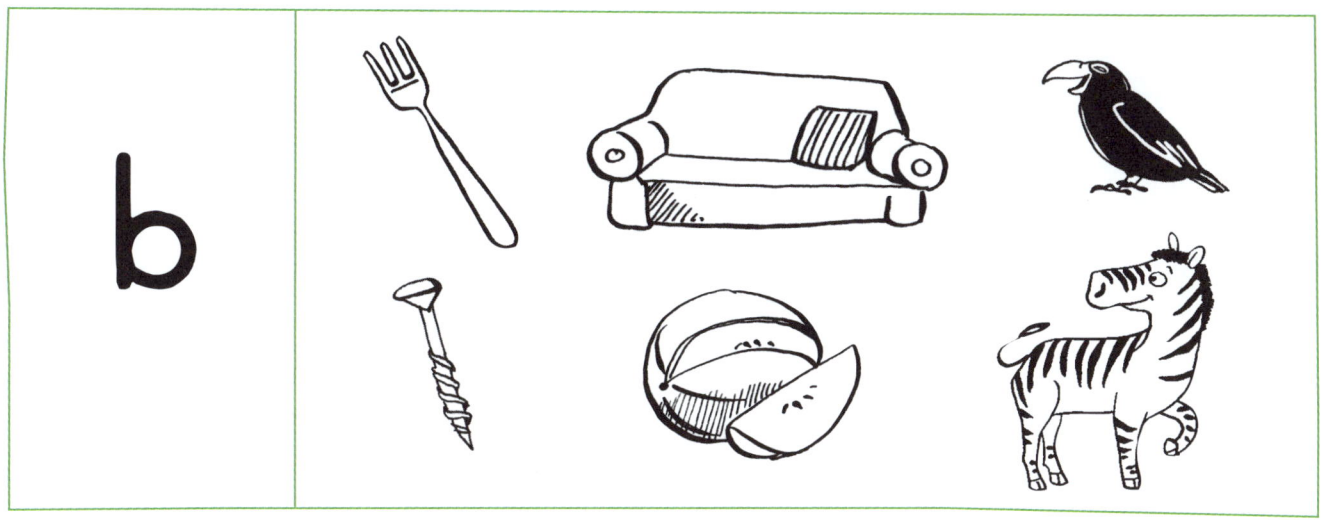

**6.** 👂 ✏️ Wo klingt **B/b**? Schreibe!

**B b**

**1.** Schwinge und zeichne Silbenbögen!

**2.** Schwinge und male an!

**3.** Schwinge und verbinde!

  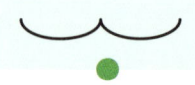  

Basisheft  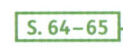  S. 36–37

1. schwingen und Silbenbögen zeichnen  2. schwingen und zweisilbige Abhörbilder anmalen  3. schwingen und Abhörbilder mit den passenden Silbenbögen verbinden

**4.** 👂 ✏️ Höre und schreibe **B**!

**5.** 🖊️ Schreibe!

**6.** ✏️ 🖊️ Schwinge und schreibe!

**7.** ✏️ 👑 Markiere bei Aufgabe **6.** die Könige!

Forderblock
S. 23/24

 B abhören und schreiben  Wörter mit der Schreibtabelle verschriften  Silbenbögen zeichnen und Wörter mit
der Schreibtabelle verschriften  Könige markieren

67

# K k

**1.** 🖊️ 🖊️ Spure **K** und **k** nach!

**2.** 🖊️ ⌣🖊️ Schreibe und zeichne Silbenbögen!

**3.** ✏️ 👑 Markiere bei Aufgabe **2.** die Könige!

**1.** K/k nachspuren  **2.** K/k (und andere eingeführte Buchstaben) in Lineatur schreiben, Silbenbögen zeichnen  **3.** Könige markieren

**4.**  Was klingt am Anfang gleich? Verbinde!

**5.** In welchem Wort hörst du **k**? Male an!

**6.**  Wo klingt **K/k**? Schreibe!

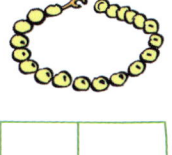     

**K k**

**1.**  Schwinge und zeichne Silbenbögen!

  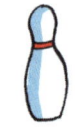 

**2.** Schwinge und male an!

**3.** Schwinge und verbinde!

**1.** schwingen und Silbenbögen zeichnen **2.** schwingen und zweisilbige Abhörbilder anmalen **3.** schwingen und Abhörbilder mit den passenden Silbenbögen verbinden

**4.** Höre und schreibe **K**!

**5.** Schreibe!

**6.** Schwinge und schreibe!

**7.** Markiere bei Aufgabe **6.** die Könige!

Forderblock
S. 25/26

4. K abhören und schreiben 5. Wörter mit der Schreibtabelle verschriften 6. Silbenbögen zeichnen und Wörter mit
der Schreibtabelle verschriften 7. Könige markieren

# F f

**1.** Spure **F** und **f** nach!

**2.** Schreibe und zeichne Silbenbögen!

F

f

F f

Foto

Affe

**3.** Markiere bei Aufgabe **2.** die Könige!

**1.** F/f nachspuren  **2.** F/f (und andere eingeführte Buchstaben) in Lineatur schreiben, Silbenbögen zeichnen  **3.** Könige markieren

**4.**  Was klingt am Anfang gleich? Verbinde!

 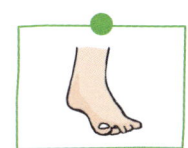  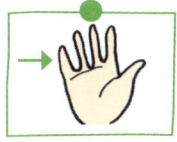

**5.** In welchem Wort hörst du **f**? Male an!

**6.** Wo klingt **F/f**? Schreibe!     | F |   |   | f |   |

**F f**

**1.** Schwinge und zeichne Silbenbögen!

**2.** Schwinge und male an!

**3.** Schwinge und verbinde!

S. 38–39

1. schwingen und Silbenbögen zeichnen  2. schwingen und zweisilbige Abhörbilder anmalen  3. schwingen und Abhörbilder mit den passenden Silbenbögen verbinden

**4.** 👂✏ Höre und schreibe **F**!

**5.** ✏ Schreibe!

**6.** ✏ ✏ Schwinge und schreibe!

**7.** ✏ 👑 Markiere bei Aufgabe **6.** die Könige!

Forderblock
S. 27/28

 **4.** F abhören und schreiben **5.** Wörter mit der Schreibtabelle verschriften **6.** Silbenbögen zeichnen und Wörter mit der Schreibtabelle verschriften **7.** Könige markieren

# -ch

**1.** Spure **ch** nach!

**2.** Schreibe und zeichne Silbenbögen!

**3.** Markiere bei Aufgabe **2.** die Könige!

**4.** In welchem Wort hörst du **ch**? Male an!

**1.** ch nachspuren **2.** ch (und andere eingefürte Buchstaben) in Lineatur schreiben, Silbenbögen zeichnen **3.** Könige markieren **4.** ch abhören und Abhörbilder anmalen

**5.**  Wo klingt **ch** wie bei Milch?
Wo klingt **ch** wie bei Buch? Verbinde!

**6.**  Schreibe!

**7.**   Markiere bei Aufgabe **6.** die Könige!

Forderblock
S. 29/30

**5.** Wörter mit ch abhören und ihrem Klang nach den Beispielwörtern zuordnen  **6.** Wörter mit der Schreibtabelle verschriften  **7.** Könige markieren

77

# Das kann ich schon lesen

**1.**  Lies und verbinde!

Ra

Be

Man

Kin

Un

Kis

Bi

**2.** Lies mit Silbenbögen! Verbinde!

Bus    Banane    Foto    Kamel    Ufo

**1.** Anfangssilben aus bekannten Buchstaben erlesen und mit dem passenden Bild verbinden  **2.** Wörter aus bekannten Buchstaben mit Silbenbögen erlesen und mit dem passenden Bild verbinden

# Das habe ich gelernt

**1.** ✏️ ✏️ Schreibe und zeichne Silbenbögen!

Buch

Koffer

**2.** ✏️ 👑 Markiere bei Aufgabe 1. die Könige!

**3.** 👂 ✏️ Was klingt am Anfang gleich? Verbinde!

**4.** ✏️ Schreibe!

*Das war:*     ☐ ☐ ☐ ☐

1. schreiben und Silbenbögen zeichnen  2. Könige markieren  3. abhören und verbinden  4. Wörter mit der Schreibtabelle
verschriften; zur Selbsteinschätzung kreuzen die SchülerInnen einen für sie passenden Smiley an

79

### A a

### M m

### R r

### E e

### L l

### B b

### O o

### N n

### K k

### I i

### S s

### F f

### U u

### T t

### -ch